HISTÓRIAS QUE EDIFICAM

CAMINHOS DE CORAGEM E SUCESSO

EDITORA
CHAVE MESTRA®

Título original em Português:
Histórias que edificam -
Caminhos de coragem e sucesso

Direção editorial: Raquel Medeiros
Revisão: Lais Alcantara
Revisão Final: Híllona Anjos
Diagramação: Weslei Eugênio
Branding de capa: Izzo Medeiros e Sergio Macceddo
Projeto gráfico: Weslei Eugênio

O conteúdo desta obra é de total responsabilidade dos autores e não reflete necessariamente a opinião da editora.

Dados Internacionais de Catalogação na Publicação (CIP)

Vale, Rogério (Organizador)
V149 Histórias que edificam: caminhos de coragem e sucesso / Rogério Vale (Org) – Barueri, SP: Chave Mestra Editora, 2023.
248 p.: 16 x 23 cm

ISBN 978-65-84979-77-2

1. Desenvolvimento pessoal. 2 Espiritualidade. 3. Vida Cristã. 4. Riqueza. 5. Inteligência Espiritual. I. Título.

CDD 158.1

EDITORA
CHAVE MESTRA®

SUM

	PREFÁCIO Editora Chave Mestra	6-7
01	**ELA NASCEU DE MIM PARA QUE EU PUDESSE NASCER EM CRISTO JESUS** Amanda Martins	08
02	**AS RIQUEZAS ESCONDIDAS DENTRO DE VOCÊ** Anis Frugoli	16
03	**EM MEIO À DOR NASCEM PROJETOS** Beatriz Mendes	24
04	**A BORBOLETA QUE NÃO SABIA QUE PODIA VOAR** Bebel Cristina	32
05	**SAIBA AONDE VOCÊ QUER CHEGAR** Carla Souza	40
06	**DAS SOMBRAS DA ALMA À LUMINOSIDADE DO PROPÓSITO** Cláudia Aparecida Miranda de Morais	48
07	**SE DEUS QUISER...** Dado Sugawara	56
08	**PROFISSÃO COM PROPÓSITO: A VERDADEIRA REALIZAÇÃO** Daiane Lehmkuhl Pagel	64
09	**UM CHAMADO ALÉM DA VISÃO** Davi de Novais	72
10	**TRANSFORMADA PARA TRANSFORMAR** Eliane Denarde	80
11	**O AMOR É UMA ESCOLHA** Ezequiel Danilo	88
12	**O DIAGNÓSTICO QUE TRANSFORMOU A NOSSA MANEIRA DE ENXERGAR A VIDA** Gabriela Maia	96
13	**DOS BASTIDORES PARA O PALCO** Ineide Costa	104
14	**A TRANSFORMAÇÃO** Jandimara Gianotti	112
15	**UMA DOENÇA MORTAL QUE ME TROUXE À VIDA PLENA** Jane Paixão	120

RIO

16	OUÇA SEU CORAÇÃO: VOCÊ NÃO ESTÁ SÓ Joseane Chaves de Toledo	128
17	EM BUSCA DA LUZ Jota Matiotti	136
18	VINCOS DE FORÇA Juliana Prado	144
19	AO ENCONTRO DA IDENTIDADE Luciano Fermino	152
20	AUTOCONHECIMENTO: VALORES E ASAS Luzia Regina Oliveira	160
21	DESCOBRINDO O MEU PROPÓSITO Maiana Oliveira	168
22	UM RESGATE DA REAL IDENTIDADE Millena Cavalcante	176
23	"QUEM PARIU MATEUS QUE O BALANCE" Míriam Avelar	184
24	EU VENCI A ANOREXIA Mirian Ferreira Lopes Maciel	192
25	DEUS É A NOSSA FORTALEZA Napoleão Filho	200
26	ENCARANDO O CÂNCER DE MAMA Nayara Ferreira	208
27	QUEM CONFIA OBEDECE Osmilto Fernandes	216
28	FOI A CEGUEIRA QUE ME FEZ FALAR Sheyla Silva	224
29	A MENINA IMPROVÁVEL Sônia Oliveira	232
30	NADA É PARA SEMPRE Vivi Brunelli	240

PREFÁCIO

Nas páginas deste livro, você encontrará algo realmente especial - uma coleção de narrativas reais que têm o poder de inspirar vidas. "Histórias que Edificam - Caminhos de Coragem e Sucesso" é mais do que apenas um livro; é uma fonte de sabedoria e inspiração, que oferece *insights* valiosos sobre a vida.

Cada capítulo desta obra é uma janela para uma jornada única, de homens e mulheres que compartilharam suas experiências, desafios e triunfos. Eles não são indivíduos em busca de fama ou reconhecimento, mas pessoas comuns, como você e eu, que enfrentaram obstáculos e superaram adversidades em busca de uma vida mais significativa e com um verdadeiro propósito.

Estas histórias refletem a coragem de enfrentar o desconhecido, a determinação de superar obstáculos e a resiliência para perseverar diante das dificuldades. Elas nos lembram que, mesmo nas situações mais desafiadoras, existe uma capacidade de crescer, aprender e prosperar.

Ao folhear estas páginas, você será convidado a uma reflexão sobre sua própria jornada pessoal. As experiências aqui compartilhadas servem como um guia prático para superar adversidades, alcançar metas e deixar um legado significativo. Você descobrirá que, assim como os autores dessas histórias, também possui o poder de criar um mundo melhor, começando por si mesmo.

Ótima Leitura!

Editora Chave Mestra

Amanda Martins

Sou Amanda Martins, filha e serva de Deus. Nasci em Florianópolis (SC) e resido em Palhoça (SC), com meu esposo Cristiano e minha filha Laura.

Sou fonoaudióloga clínica há 12 anos, graduada pela Faculdade Estácio de Sá de Santa Catarina. Possuo especialização em Neuropsicopedagogia Clínica e Curso Técnico em Enfermagem. Atualmente, me dedico integralmente ao consultório fonoaudiológico, na reabilitação de crianças com alterações do neurodesenvolvimento. Tenho experiência clínica em atendimentos a crianças com Transtorno do Espectro Autista (TEA) e minha missão é proporcionar a elas comunicação funcional.

Minha história não foi somente de sucesso; enfrentei e superei grandes obstáculos com a maternidade e ressignifiquei minha vida através da fé e aceitando Jesus como Único e Suficiente Salvador.

amanda_martins_fono

+55 (48) 99655-8564

contatoamandamartins21@gmail.com

01 ELA NASCEU DE MIM PARA QUE EU PUDESSE NASCER EM CRISTO JESUS

Por Amanda Martins

Nos anos 1990, vivia em Santa Catarina uma menina conhecida socialmente como tímida, introspectiva e que não falava quase nada no ambiente escolar. Apesar de ter essas características na escola, tinha outras em ambiente familiar: era extremamente falante, amava brincar de boneca, de escolinha, de cantora, dentista e médica. Ela tinha um grande sonho: **ser mãe**.

Apesar desse desejo intenso, essa menina também sonhava em ter uma profissão, e era incentivada por sua mãe a estudar antes de pensar em qualquer outra coisa, para que, consequentemente, pudesse ter sucesso profissional. Então, a menina foi crescendo e estudou, passou por algumas dificuldades em seu caminho de estudo e se tornou a tão sonhada profissional competente, dedicada e que trabalhava mais do que 12 horas diárias. Ela achava que tinha alcançado todos os seus sonhos. Mas, agora mulher, percebeu que faltava realizar o maior deles, que estava engavetado, escondido e que adiava sempre, pois achava que poderia atrapalhar sua linda vida de sucesso profissional.

Em julho de 2020, a menina já tinha 30 anos e descobriu que estava grávida. Inicialmente, apesar de ser um sonho, ela se assustou, pois achava que não era o melhor momento, já que o mundo se encontrava em situação de pandemia. Entretanto, continuou planejando e idealizando como gostaria que fosse sua gestação, seu parto, a amamentação e o retorno ao trabalho. Afinal, a menina sempre estudava, se dedicava e se atualizava em relação às evidências científicas para fazer o que era mais adequado, conforme o planejado.

Ela se preparou, passou por atendimentos médicos, nutricionais e fisioterapêuticos para ter um parto natural. Fez, também, consultoria de amamentação, pois tinha o desejo de amamentar e conhecia os benefícios que o aleitamento materno traria para sua filha. A menina fez tudo o que estava escrito nos livros e artigos de ciências da saúde para que isso acontecesse.

A gestação foi tranquila e saudável, apesar de apresentar vômitos intensos durante as 41 semanas do seu período gestacional. Estava tudo organizado e planejado para ela trabalhar até o nascimento do bebê. Porém, devido aos vômitos e à pandemia, sua médica achou necessário que, no final da gestação, a menina ficasse afastada do trabalho, como medida preventiva. Os hospitais estavam superlotados por conta da pandemia, além de haver poucos estudos sobre os efeitos do vírus em gestantes, puérperas e recém-nascidos.

Assim, com 37 semanas, a menina viu seus planos saírem do controle e serem totalmente diferentes do que havia organizado. Ela ficou inicialmente muito chateada, pois em seu trabalho ainda conseguia interagir e ter contato com outras pessoas. Vale lembrar que naquele ano se experimentava as principais incertezas na área da saúde, devido à Covid-19. Foi um período nada fácil para a maioria das pessoas no sentido psicológico/emocional, por conta do isolamento social e de suas grandes perdas, tanto de entes queridos quanto financeiras. Uma gestante fica emocionalmente mais instável, por suas alterações hormonais. Naquele contexto, de pouca convivência com seus familiares e amigos, e principalmente no quesito saúde, tudo se tornou mais intenso para ela.

Chegado o momento do parto, que precisou ser induzido em decorrência de sua idade gestacional, a menina estava tranquila. Porém, por causa de algumas intercorrências, foi necessária a realização de uma cirurgia cesariana. Ela já sabia e havia sido orientada por sua médica, especialista em parto natural e humanizado, que o objetivo era o parto vaginal; no entanto, toda gestante deve estar preparada para realizar uma cesárea, caso necessário. Mesmo assim, a menina ficou frustrada e muito triste – não era o que havia planejado.

Dessa cesárea, realizada no dia 17 de abril de 2021, nasceu a pequena Laura, uma linda menina de cabelos escuros e pele clara, pesando 2,900 quilogramas e medindo 44 centímetros. Como todo bebê saudável, recebeu alta hospitalar após dois dias e foi para casa, com seus pais.

Iniciava, assim, o puerpério da família de Laura. Pelo contexto de pandemia, os pais de Laura e a pequena recém-nascida quase não recebiam visitas, sendo estas restritas principalmente aos avôs, padrinhos e à tia da bebê. Assim, essa fase se tornou mais intensa em decorrência do isolamento e das muitas dificuldades na amamentação, mesmo tendo todo o suporte técnico, através de profissionais capacitados. A mãe de Laura estava diariamente triste, cansada e decepcionada pela frustração de mais um de seus desejos da maternidade: o aleitamento materno.

Os dias foram passando, Laura foi alimentada eventualmente no peito, por técnica de translactação, através de colher dosadora; depois, em mamadeira com leite materno e, posteriormente, com fórmula infantil. Sendo que a mamadeira de fórmula também não era uma opção de que sua mãe fosse a favor, pois sempre incentivou o aleitamento materno exclusivo.

A mãe de Laura, então, percebia que tudo o que havia planejado estava sendo totalmente diferente. Ela chegou, em um momento de cansaço pela privação de sono, a murmurar e reclamar para a avó de Laura que estava arrependida de ser mãe. Nesse mesmo dia, a avó e os pais de Laura estavam jantando e ouviram um ruído. Viram, então, no carrinho, que Laura estava roxa e apresentando um episódio de engasgo, pouco tempo após ter se alimentado e dormido. Rapidamente, sua mãe pegou-a no colo e iniciou as manobras de primeiros socorros; porém, não teve sucesso e entregou-a para o pai de Laura, que é médico, a fim de que continuasse as manobras de desengasgo.

Mesmo com toda a técnica, experiência e calma, a mãe de Laura percebeu que não estava sendo possível reanimá-la. Então, desesperadamente, gritou pedindo que o marido fosse ao hospital. O pai de Laura, com a expressão de extrema tristeza e preocupação, disse que não daria tempo de chegar até o hospital mais próximo. Naquele momento, a mãe de Laura sentiu uma profunda dor e saiu do seu apartamento, gritando pela ajuda dos vizinhos. Eles rapidamente entraram para auxiliar e a mãe de Laura abraçou sua mãe, sentindo a maior dor de sua vida: não foi a dor do parto, foi a da possível perda da bebê, e gritou com toda a força: "Deus, Pai, salve a minha filha!". No mesmo instante, do apartamento saiu uma das vizinhas e disse: "Ela está bem! Ela voltou! Está ativa! Está corada!"

Naquele momento, a mãe de Laura, que sempre foi ensinada a amar Deus acima de tudo, estava em choque com a resposta tão imediata do Senhor. Apesar de ter muita fé, ela é uma profissional da saúde e sempre necessitou de muita comprovação científica e de coisas concretas. Em outras palavras, precisava "ver para crer". Ali, naquela situação, ela teve o seu primeiro encontro com Deus, pois percebeu que todo o seu conhecimento técnico e o de seu esposo não foram suficientes para trazer Laura à vida novamente. Quando ela viu e ouviu de seu esposo que não era mais possível, clamou com toda a fé em Deus e descobriu como Ele é bom, como o nosso Pai tem misericórdia de seus filhos.

No dia 29 de abril de 2021, a mãe de Laura pôde ressignificar sua visão sobre o tal parto natural que tanto desejava. Sabe a dor do parto de que falam? Ela sentiu todo o período expulsivo quando viu sua filha roxa. A dor intensa que sentiu no momento que abraçou a avó de Laura e deu o grito da "saída do bebê" foi a saída para o pedido de socorro a Deus, a fim de que Ele salvasse sua filha. E a resposta foi o **renascimento** de Laura. A bebê voltou no exato momento do grito de socorro para Deus.

Querido leitor, sabe aquela menina que foi citada no início deste capítulo? Essa menina sou eu, Amanda Martins, a mãe da Laura, filha de Deus e fonoaudióloga que inverteu todas as prioridades de sua vida após a maternidade. Ser mãe resgatou a minha fé e me fez aceitar Jesus como único e suficiente Salvador. Eu, que tinha sempre um jeito de resolver tudo com a força de meus braços e que achava que com técnicas e muito estudo iria controlar e fazer a maternidade como idealizava. Não foi como desejei e planejei, mas foi dessa maneira que abri a porta do meu coração para Jesus. Descobri o real sentido quando Ele habita em você.

Hoje, querido leitor, não sei por qual motivo você buscou este livro. Mas, se você está passando por alguma questão de saúde com seu/sua filho/a, eu te oriento, como profissional da saúde e mãe, a continuar o tratamento, a realizar todas as orientações de todos os profissionais e, acima de tudo, te aconselho a ter fé, pois a última palavra é a do médico dos médicos: nosso Pai.

Neste momento, eu te convido a abraçar uma pessoa de toda a sua confiança, assim como eu fiz quando abracei minha mãe naquela noite em que Laura renasceu e clamar com toda fé, pois Deus vai escutar e vai fazer o agir na vida de seu/sua filho/a. Lembre-se de que Jesus utiliza diferentes circunstâncias para nos acessar. Dispomos de livre-arbítrio, porém cabe a nós ter a maturidade de aceitar que Ele habite em nós. Falo maturidade pois eu também queria controlar e fazer tudo do meu jeito e essa foi a forma como Ele conseguiu me acessar: quando eu vi minha filha perto da morte e senti a pior dor de toda a minha vida. Finalizo com este versículo de Apocalipse 3:20, para reflexão: *"Eis que estou à porta e bato. Se alguém ouvir a minha voz e abrir a porta, entrarei e cearei com ele, e ele comigo.".*

Não esqueça: permita que Ele habite em você! Você aceita Jesus como único e suficiente Salvador?

"Ressignifique as circunstâncias contrárias da vida e você presenciará o renovo acontecer. Tenha fé e acredite no impossível."

Amanda Martins

Anis Frugoli

É fundadora do Instituto Vida Obstinada, mentora, consultora, treinadora e pastora. Ensina pessoas a transformarem sonhos em realidade, despertando propósitos para uma vida de riqueza.

Desde cedo obstinada em realizar, filha de peixeiro e de família humilde, já aos 14 anos trabalhava nas horas vagas para realizar seu primeiro sonho: dois tênis All Star.

Economista, especialista em Gestão e mestra em Administração, é detentora de uma extensa carreira governamental. Empreendedora nata, já criou vários negócios. Sua vida tem sido marcada por sonhar e realizar.

Casada com Anselmo Frugoli, mãe de Jorge, de 29 anos; Leonardo, de 27; e Maria, de 10.

"Uma eterna serva do Reino de Deus, carrega consigo a unção da prosperidade, é fonte por onde passa."

anisfrugoli

vidaobstinada

+55 (92) 99227-6500

vidaobstinada@gmail.com

vidaobstinada.com.br

02 AS RIQUEZAS ESCONDIDAS DENTRO DE VOCÊ

Por Anis Frugoli

Você é uma fonte de riquezas, descubra o seu potencial!

Existe uma fonte inesgotável de riquezas na terra que é derramada pelo dom de Deus, através do Espírito Santo, em nossas vidas. Todas as estratégias, inteligências, habilidades e oportunidades são geradas dentro de nós para alcançarmos tudo aquilo que precisamos para prosperar. Mas as principais perguntas são: "Como nos tornar tudo o que nascemos para ser? Como perceber os dons e talentos que foram derramados em nós por essa fonte de riquezas sem fim? Por que, muitas vezes, por medo, covardia e insegurança enterramos nossos dons?".

Homem e mulher, Deus os criou para multiplicar e encher a terra. Então, que domine o ser humano sobre todas as coisas" [ajuste da autora]. Quando fomos gerados, nascemos para sermos fecundos e multiplicar, mas quando deixamos de dominar e somos dominados, deixamos de ser quem somos e paramos de gerar riquezas. Assim, em vez de multiplicar e encher a terra, enterramos nossos dons e talentos. Você já pensou quantas riquezas existem no cemitério? Pessoas que não viveram a sua história, que enterraram riquezas por medo de dominar pessoas, situações e circunstâncias ou, até, por mera preguiça.

Quero começar dizendo que você é único, que as riquezas que existem em você ninguém pode tirar – a não ser você mesmo –, e que tudo o que viveu até aqui pode ajudá-lo a gerar riquezas na terra. O seu desafio é aprender a olhar para dentro de você e buscar ser quem você é.

Eu aprendi desde cedo que sonhar é preciso, eu ousava mudar o meu destino; então, nascia uma obstinada no realizar. Aos 9 anos, eu ia ao Mercado Municipal, onde meu pai era peixeiro, para pegar comida. Chegava naquele lugar cheio de gritaria e pessoas apressadas com suas compras. Meu pai, portanto, pegava um saco preto de feira e nele colocava a comida. Algumas vezes, nem comida tinha. Me recordo do seu olhar de preocupação ao me ver. Ele colocava as mãos na cabeça, porque a manhã de trabalho não tinha sido boa, e dizia: "Espera um pouco". Depois de alguns minutos, ele aparecia com o saco preto e iniciava os complementos: comprava verduras e tudo ia para dentro do mesmo saco preto. Então, chegava o momento mais aguardado por mim, e que nem sempre acontecia. Ele me perguntava: "Minha filha, você está com fome?". Acredito que você já sabe a resposta. Eu dizia: "Sim, papai!". E ele me dava alguns trocados para eu comprar um mingau de banana. Às vezes, sobrava para um picolé de buriti na parada do ônibus.

Seguia sonhando em comprar o meu picolé de buriti. Já dentro do ônibus e agarrada ao saco preto, voltava para casa sempre desejando uma vida melhor. As dificuldades não escondiam quem eu era, mas eu sabia, dentro de mim, que aquela realidade me transformaria em uma obstinada no sonhar e realizar. Eu olhava meu pai e ele me impulsionava a sonhar com coisas melhores e diferentes para nós.

Quero lhe entregar a primeira chave: o fato de você ter nascido pobre não vai determinar que você vai morrer pobre. Você pode escolher mudar a sua realidade ou permanecer em um lugar de escassez e de poucos recursos. Eu escolhi, ainda na infância, que mudaria a minha história.

Aos 14 anos, decidi trabalhar para perseguir meus sonhos. Com meu primeiro salário, eu realizei o primeiro sonho do meu coração e investi todo o recurso para comprar dois tênis All Star. Eu queria, eu sonhava, eu realizava! Toda falta do passado não suprida gera escassez. Supra seus anseios e volte a sonhar.

A realidade do meu pai me impulsionou na infância. O que pode impulsioná-lo na sua história? Olhe para a sua trajetória e ache as molas propulsoras existentes nela, pois você encontrará riquezas escondidas que podem torná-lo uma fonte que gera riquezas. Desde os meus 14 anos, nunca mais parei de realizar. Eu consegui e você também consegue!

Seja rico de verdade desfrutando o presente, seja ele qual for. Você se lembra do picolé de buriti? Ele era o desfrute no meio do meu desafio do saco preto.

Quando desfrutamos e usufruímos do que conquistamos, encontramos o melhor que existe em nós e podemos aplicar esse bem de forma eficiente. Quando você aprender a desfrutar dos pequenos e grandes momentos da sua vida, acionará a chave para gerar riquezas na terra.

Na jornada da vida, vão tentar pará-lo muitas vezes, vão tentar entulhar as suas fontes. Você vai errar muitas vezes, vai cair algumas, mas entenda: são as tentativas que fazem vencedores. Portanto, levante-se e comece de onde você parou. Aprendi que a realidade pode ser mudada. Mesmo meu pai sendo peixeiro, eu poderia ter uma outra vida, então fui uma obstinada.

Eu convido você a escrever a sua história, aquilo que você viveu, mesmo as dores. Segunda chave: toda crise leva você para o próximo nível. Só cresce quem vive crises. Aprendi que todo problema tem solução, toda crise nos ajuda a crescer e nos impulsiona para o próximo nível.

Você está preparado para realizar seus sonhos? Você sabe aonde deseja estar em alguns meses ou anos? Mesmo diante das dificuldades, você não vai parar? O que tenho visto é que a maioria das pessoas não está preparada para realizar os seus sonhos. As crises chegam, as dificuldades se aproximam e elas param no meio do caminho. Todas as crises que tive e continuo tendo na minha trajetória me fizeram crescer. Aprendi a usar as situações de crise como alavancas me projetando para o futuro.

Saindo de uma crise e gerando uma empresa que fatura 3 milhões ao ano

Antes de aprender a gerar riquezas e usufruir delas, minha vida era um campo de batalhas cheio de altos e baixos. Eu trabalhava e viajava muito, sempre com diversas responsabilidades. Aparentemente, tinha uma vida estabilizada e tranquila, porém, em um piscar de olhos, perdi tudo.

Então, minha busca começou. Obstinada, acreditava que uma questão geográfica mudaria a minha situação, e decidi me mudar para São Paulo, a Cidade de Pedra. Conheci Isabel, que se tornou minha sócia em minha primeira empresa, a Visão Consultoria. Houve muitas oportunidades, *networking*, bastante trabalho, diversos projetos e pouco dinheiro. Toda hora achava que ia ficar rica, pois surgiam negócios maravilhosos. Mas, na verdade, poucos deram certo. Foram muitas pontes aéreas São Paulo/Brasília em busca de oportunidades. Por lá, comi o pão duro de cada dia, passei necessidade, tive fome, andei a pé por não poder pagar uma passagem de ônibus. Trabalhei muito e usufruí quase nada. Desperdicei quase 10 anos do crescimento e convívio diário com meus filhos, que ficaram em Manaus. Aprendi quanto um barco é sacudido e balançado por ondas severas enquanto você tenta chegar ao seu destino.

Essa foi a época de maior aprendizado em minha vida; e, finalmente, encontrei o meu caminho. Em um dia de total exaustão, ao chegar em casa – um *flat* na região dos Jardins –, fui impedida de subir e entrar no apartamento por falta de pagamento. Naquele momento, eu não podia sequer ter acesso aos meus pertences. Nesse dia, eu chorei. Perdida e sem rumo, desci a Rua Augusta e encontrei uma Igreja Sara Nossa Terra. Nem imaginava que minha vida mudaria naquele dia. No meio de toda aquela tempestade, eu aceitei Jesus. Ele me encontrou. Comecei a aprender o equilíbrio da vida. Em meio ao caos, me apaixonei pelo meu amigo Anselmo Frugoli. De idas e vindas a cafés, logo nos unimos. E, como em um passe de mágica, estava de volta a Manaus.

Decidimos começar uma nova jornada em Manaus. Tínhamos uma vida equilibrada, mas o nosso negócio não deu certo. Voltamos para São Paulo a fim de achar uma solução; lá, recebemos uma palavra profética, que disse: "Voltem para a cidade de onde vieram, pois através das suas vidas muitas outras serão abençoadas". Meu Deus! Aquilo sim, era loucura! Nos agarramos a essa palavra e voltamos.

Terceira chave: para recomeçar, busque uma palavra de destino. Quando gerada no coração, ela transforma a nossa realidade. Então, voltamos a Manaus e tudo mudou. Fui contratada como coordenadora de uma universidade, professora de outra e tudo ia acontecendo. Logo, surgiu um negócio que ia mudar nossas vidas: uma operação de estacionamento no hotel Blue Tree, mas não tínhamos recursos nem para começar essa operação, pois vivíamos no modo sobrevivência. Porém, a obstinada que existe dentro de mim não me deixou parar. No dia seguinte, fui ao banco e fiz um empréstimo de 700 reais, pagos em 24 parcelas, para iniciamos aquele negócio. Esse empreendimento começou a abençoar as nossas vidas e as vidas de muitas pessoas.

Quarta chave: toda riqueza que você gerar servirá para abençoar a sua vida, para que você abençoe aqueles que estão ao seu redor. E foi o que aconteceu: com apenas 700 reais emprestados pelo banco, essa empresa faturava 3.5 milhões de reais ao ano, após três anos de operação. E isso gerou um novo negócio de cosméticos, com três lojas físicas em Manaus.

Não importa quanto você tem, transforme esse valor e comece a multiplicá-lo. Você tem o direito de ser rico, você está aqui nesta terra para gerar riquezas e ter uma vida próspera e feliz. Você precisa despertar dentro de si mesmo as riquezas escondidas. Você está aqui para se expandir e se desenvolver mental e espiritualmente, e deve expressar todas suas potencialidades. Entenda o que foi dito no início deste livro: você nasceu para dominar; há poder em você para vencer todas as coisas e situações.

Três passos para uma vida de riquezas:

1 - O sucesso está dentro de você. Descubra o que queima no seu coração e busque uma causa para viver.

2 - Prepare-se para fazer o que ama. O sucesso não acontece por acaso: ele exige trabalho e dedicação.

3 - Verifique se o que você está fazendo contribui para o crescimento de mais pessoas ou se, simplesmente, favorece o seu próprio sucesso. As maiores riquezas estão em você para servir ao próximo em amor!

Uma última chave: para ser fonte e obter sucesso, tenha fé e convicção de quem você é. Repita todos os dias: "Eu sou fonte. Fonte transborda, jorra e eu sou essa fonte de sucesso".

Seja um obstinado pela vida!

Toda realização vem de um coração que recebeu a visão revelada em sua mente e a executou, transformando sonhos em realidades.

Anis Frugoli

Beatriz Mendes

Meu nome é Beatriz Mendes, sou natural de Presidente Venceslau (SP) e moro em Sorocaba (SP) com minha família e meu esposo José Antônio, com quem sou casada há 14 anos. Tenho quatro filhos: Amanda, Paulo Henrique, Evelyn e Giovanna.

Sou mentora de mulheres, cristã, terapeuta e psicanalista em término de formação. Ajudo mulheres a despertarem para um novo olhar sobre si mesmas, mostrando a elas que, em meio à dor, é possível encontrar o seu propósito de vida.

Minha história de vida foi repleta de desafios. Superei a dor da perda, da rejeição, do abandono e do desamparo, bem como uma sequência de abusos sofridos na minha infância. Passei por uma mudança interna e Deus me fez enxergar que por trás de todo sofrimento havia uma filha que era capaz de superar e ressignificar.

beatriz.mendes.mentoria

+55 (15) 98142-6887

biamendes_souza@hotmail.com

03 EM MEIO À DOR NASCEM PROJETOS

Por Beatriz Mendes

No ano de 2020, iniciou em minha vida uma jornada de autoconhecimento, cura e libertação, quando precisei voltar a lugares de dor dentro de mim. Entrei em contato com sentimentos que eu abrigava internamente, como a rejeição, a inadequação, o sentimento de inferioridade, de incapacidade, a raiva, o medo e a vergonha. Mas eu não sabia de onde esses sentimentos vinham e nem por que eu me sentia assim. Eu não sabia receber amor e até um simples abraço me feria. Não acreditava que fosse possível amar e ser amada – não sem dar algo em troca. Eu sempre esperava o pior das pessoas.

Mas para que você possa entender, vou voltar à minha infância. Por volta dos meus 7 anos, um trauma marcou a minha vida: fui abusada sexualmente por um vizinho, juntamente com sua esposa. Eu não entendia ao certo o que estava acontecendo, mas me recordo da dor que eu sentia. Desse dia em diante, minha vida foi marcada por uma sequência de abusos, dos meus 7 aos 30 anos. Você pode se perguntar como isso é possível e eu lhe digo que passei uma vida me vendo em relacionamentos abusivos. Muitas vezes, sofri abusos verbais, físicos, emocionais e sexuais, e não tinha uma visão de mundo melhor. Desacreditada do amor, eu não confiava nas pessoas. Só conhecia a linguagem do amor por intermédio dos abusos sofridos em uma vida inteira. Inconscientemente, eu buscava por esses relacionamentos por não saber o valor que eu tinha.

Com 29 anos, Deus me apresentou meu esposo, com quem sou casada há 14 anos. E desse momento em diante, começou a minha verdadeira história. Quero dizer: a história que Deus escreveu para mim. Meu esposo sempre foi muito amoroso e carinhoso comigo e, por algum tempo, tive bastante dificuldade de acreditar nesse amor. Eu o via como alguém que estava comigo por interesse, que, para mim, sempre era de cunho sexual. Eu não havia percebido o quanto os traumas vividos na infância haviam causado consequências na minha vida adulta. Era como se a minha mente estivesse paralisada no que havia acontecido quando eu era pequena. Por um longo período, me sentia incapaz de realizar qualquer coisa. Eu havia parado no tempo como se tivesse ainda 7 anos de idade, incapaz de tomar decisões. Tinha medo de viver e de realizar coisas novas.

Eu cultivava sentimentos que me remetiam à dor experimentada – mesmo me causando sofrimento, esse era um caminho que eu conhecia. Tive depressão e síndrome do pânico, causados por um relacionamento abusivo com muita violência física. Eu tinha medo até de dormir... Havia em minha vida um espírito de rejeição e de abandono a ponto de eu me sentir rejeitada em qualquer lugar que eu fosse. Como um mecanismo de defesa, inconscientemente eu também rejeitava e abandonava por medo de ser rejeitada. Sem que eu percebesse, abandonava tudo o que me remetia a algo novo. Por exemplo, se eu fosse ler um livro, não chegava na terceira página e já abandonava a leitura. Eu não me dava conta da minha dificuldade em terminar as coisas. Tudo em minha vida estava inacabado. Eu havia parado os estudos – não tinha concluído nem o Ensino Fundamental. Me sentia incapaz de terminar e aceitei isso como verdade em minha vida.

Não conseguia tomar decisões, e aí percebi que eu também tinha sérios problemas com a procrastinação. Eu me autossabotava de modo a não viver o novo, que era tão desconhecido para mim.

Com sérios problemas de relacionamento e sendo mãe de quatro filhos, eu não enxergava que os tratava de acordo com os traumas que vivi. Como num piloto automático, fui reproduzindo e despejando na vida deles toda a minha dor. Talvez você também tenha comportamentos inconscientes como reação àquilo que fizeram com você.

Deus me fez perceber que o meu relacionamento com Ele também havia sido afetado. Por medo de ser rejeitada e abandonada, sem que eu me desse conta, eu abandonava Deus e rejeitava o Seu amor por mim. Eu me sentia suja e não achava possível Ele me amar sem que eu lhe desse nada em troca. Eu não o via como Pai e toda a negligência, rejeição, insegurança, desamparo, abandono e medo que havia sofrido na infância eu tinha transferido para Ele. Não conseguia me ver como filha de Deus, mas como alguém que trabalhava para Deus. Meu relacionamento com Ele era como o do irmão do filho pródigo, que trabalhava para o pai e não se via como filho.

Deus me fez olhar para mim mesma depois de um longo período fugindo do meu passado, tentando calar a voz daquela criança ferida dentro de mim. Chegou o dia de encarar a minha verdade e de ir ao encontro comigo mesma, pois já não dava mais para viver daquela forma. Meu casamento estava a ponto de acabar, minhas feridas já não eram só minhas, pois afetavam também a minha família; estávamos todos doentes.

Eu me perguntava por que abraços, toques e carinhos me feriam tanto. Eu evitava contato físico e sentia uma imensa dificuldade em expressar amor. Me relacionar com meu esposo me causava angústia, eu me sentia suja. Acabei desenvolvendo uma compulsão por limpeza, não me dando conta da verdade por trás desse comportamento angustiante. Eu não percebia que os abusos que sofri eram tão presentes; eu estava querendo limpar as marcas que ficaram em mim, como manchas.

Em 2020, Deus começou a me restaurar como filha. Primeiramente, Ele me alcançou com seu amor incondicional e não impôs condições para me amar. Ele me mostrou um caminho de superação e perdão. O amor dEle me constrangeu e a Sua verdade se tornou uma verdade para mim. Deus me fez enxergar, sarando a minha visão distorcida do mundo. Assim, Ele me mostrou que era possível ressignificar toda uma história que para mim, até então, era só dor. Eu já não me via como órfã, pois a sua paternidade havia me abraçado e encontrei um Pai perfeito.

Após esse encontro com Deus, chegou a hora de Ele me restaurar como esposa, pois eu ainda sentia muita apreensão ao me relacionar com meu esposo. Achava que era errado, tinha vergonha. Até que um dia, tomando banho, eu chorava e conversa com Deus. Ele trouxe uma revelação ao meu coração que dizia: "Filha, quando teu esposo te toca, inconscientemente, é a mãos dos teus abusadores que o teu inconsciente entende. Teu esposo não é teus abusadores". Como eu chorei! Deus derramou a sua graça sobre mim e caí em arrependimento, pois Ele me fez ver o quanto feri meu esposo e minha família por causa dos meus traumas.

Deus me fez enxergar que não tinha mais espaço em meu coração para abrigar todas as minhas dores. Só havia um caminho e ele se chamava perdão.

Entendi que a mágoa e o ressentimento não faziam mais parte de mim. Logo, em oração, liberei o perdão para todos os meus abusadores. Senti Deus resgatar a criança e a adolescente ferida que eu havia silenciado por tantos anos. Entendi que Cristo me perdoou e me amou muito antes de eu reconhecer que precisava do Seu perdão, pois diversas vezes, por conta das nossas dores, não enxergamos os pecados que cometemos. Nos vitimizamos e usamos o que nos aconteceu como muleta. Assim, sem querer, magoamos até pessoas da nossa família.

Será que você não está há tempo demais revivendo o que aconteceu com você, se lamentando como aquele paralítico do tanque de Betesda, há 38 anos paralisado? Eu estava exatamente assim quando Jesus me encontrou, paralisada em todas as áreas da minha vida, procurando culpados.

Existe uma frase que um dia tive a oportunidade de ler em um livro do pastor Oswaldo Lobo que, na verdade, é de Jean-Paul Sartre. Ela diz: "Não importa o que fizeram com você, mas o que você faz com aquilo que fizeram com você". Essa simples frase foi decisiva para a minha vida. A partir desse momento, Jesus me disse: "Levanta-te e anda". Eu não podia mais viver pelo que havia me acontecido. Deus me dera a oportunidade de fazer diferente e era minha responsabilidade agora não repetir mais o padrão comportamental que me fazia abandonar, rejeitar, negligenciar, evitar, invejar, me comparar e me sabotar.

Então, aquela menina começou a crescer dentro de mim e a ganhar espaço. Ela amadureceu vencendo as dificuldades que tinha em se posicionar, se amar, se valorizar e em dizer não, sem medo da rejeição. Um dos passos cruciais que tive que dar foi o de começar a tomar decisões que definiriam o meu caminho de superação. Resolvi terminar os meus estudos, fiz cursos para trabalhar traumas e busquei me especializar na área do trauma do abuso. Assim, Deus me mostrou que eu era capaz de tudo aquilo que eu não achava que conseguiria fazer. Também busquei autoconhecimento e li muitos livros que foram fundamentais para o meu crescimento. Passei realmente por uma "metanoia", e tudo o que estava inacabado na minha vida eu decidi terminar.

Hoje, sou mentora de mulheres, cristã, palestrante, terapeuta e psicanalista em término de formação. Estou vivendo os sonhos de Deus para mim, ajudando outras mulheres a se encontrarem dentro delas, assim como eu me encontrei. Em meio à dor nascem projetos.

Deus me fez ir além dos traumas vividos: ele me restaurou como filha, esposa e mãe. Amo e sou amada porque Ele me amou primeiro. Hoje, sou grata a Deus e o vejo em cada detalhe da minha história. E se você chegou até aqui, é porque há um propósito de Deus para a sua vida. A Bíblia diz em Jó 14:7-9: "*Porque há esperança para a árvore, pois, mesmo cortada, ainda se renovará, e não cessarão os seus rebentos. Se envelhecer na terra a sua raiz, e no chão morrer o seu tronco, ao cheiro das águas brotará e dará ramos como a planta nova*". Raízes falam de história e somente Deus sabe o que cada um de nós já passou. Talvez você carregue marcas de perdas, abandonos, negligências, humilhações ou até mesmo de abusos. Assim, eu te convido a orar e pedir a Deus para lhe mostrar as feridas que precisam de cura, pois Ele tem o poder para te curar e te fazer florescer como planta nova.

O que você vai começar a decidir a partir de hoje? Comece tomando pequenas decisões. Escolha sair do lugar que te paralisou, busque autoconhecimento. Perceba, acolha, ame e respeite os seus processos. Sobretudo, busque um relacionamento com Deus.

Das cinzas da adversidade, Deus forjou a minha história de superação, a transformou em força e me ergueu além dos traumas que vivi.

Beatriz Mendes

Bebel Cristina

Sou Isabel Cristina Ribeiro Nascimento, natural de São Paulo (SP) e resido em Santa Margarida (SP) com minha amada família: meu esposo Nelson Alves, com quem sou casada há 23 anos; meus filhos Tatyane Cristine, de 21 anos; Fernanda Ribeiro, de 16; e os gêmeos Lais Victoria e Victor Gabriel, de 8 anos.

Sou artesã em papelaria personalizada e sublimação, microempreendedora e atuo no *kids* há 21 anos. Também trabalho como ministrante da palavra a crianças e adultos. Sou, ainda, palestrante em treinamento de equipe, agente da salvação da JMMI, diaconisa e líder geral do *kids* Campo AD Brás – Jardim Lidia.

Curso o 6° período de Pedagogia. Amo escrever, contar histórias e o ministério infantil. Atualmente, trabalho no Centro de São Paulo.

Bebel é um apelido que foi me dado com muito carinho e que assumi para o ministério.

Compreendi meu chamado e aceitei vivê-lo intensamente.

tiabebelcristinakids

Tia Bebel Cristina

04 A BORBOLETA QUE NÃO SABIA QUE PODIA VOAR

Por Bebel Cristina

Um dia, em uma folha em meio ao jardim, uma borboleta colocou um ovo e foi embora. Ali, tão pequeno e sozinho, para muitos era sem valor. Mesmo sendo tão pequeno, Deus cuidava dele e tinha um propósito. Aquele ovo passaria por muitas transformações para se tornar algo belo e admirado por muitos.

Assim, nasceu uma bela lagarta, muito amorosa e que gostava de ajudar a todos ao seu redor. Ela tinha muitos sonhos e estava sempre disposta a auxiliar no que fosse preciso. Era possível perceber que ela expressava amor e dedicação em tudo o que fazia. Quando se alimentava, a lagarta pensava em como se tornaria forte. Muito sonhadora, sonhou em chegar ao topo de uma árvore.

Ela pensou consigo mesma: eu vou conseguir! E uma voz lhe dizia: "Vai, você consegue". Assim, influenciada, a lagarta começou uma longa jornada rumo ao seu objetivo. Quantas dificuldades encontrou no seu caminho! Enfrentou muitos perigos; às vezes, precisava se esconder para não ser comida pelos passarinhos e morrer. Foram muitos desafios em busca de um sonho.

Em sua trajetória, passou por muitas tempestades. Quem a olhava ali, frágil, pensou que ela não continuaria, mas ela não desistiu: continuou sua jornada. E a tempestade não a derrubou em meio ao propósito, pois aquela voz continuava a soar: "Vai, você consegue". Ela enfrentava tudo com muita garra e dedicação, não desistindo do seu objetivo, pois sempre ouvia aquela voz que a incentivava.

Teve um momento, em meio à caminhada, que perdeu algo que amava muito, mas mesmo assim não desistiu e seguiu em frente. Até que, com muita dificuldade, conseguiu chegar ao alto daquele lugar. Então, resolveu descansar, pois estava exausta de sua jornada. Não foi nada fácil chegar até ali. Observou ao seu redor e viu como tudo era lindo, e resolveu se envolver em algo para protegê-la. Era tão bom estar ali, um lugar seguro e confortável; porém, algo especial acontecia.

Protegida, pensava em toda a sua trajetória: "Nossa! Como valeu a pena, consegui chegar aqui e observar tudo ao meu redor de maneira diferente e especial. Vi que o jardim é muito maior do que imaginei.".

Porém, aquele lugar confortável começou a ficar apertado, porque ela havia passado por uma transformação. Não era como antes, alguma coisa tinha mudado. Agora, ela estava maior e diferente. Então, precisou sair dali, mas deixar aquele casulo doía muito, pois era preciso fazer muita força. Então, às vezes, ela dizia: "Como dói sair daqui, não vou conseguir". E gritava por socorro: "Por favor, alguém me ajude!". Mas, por mais que gritasse, ninguém vinha ajudá-la, pois este era um momento somente dela.

Antes, ali era um lugar confortável e seguro, porém solitário, e não era isso o que Deus queria. O local ia ficando cada vez mais desconfortável; ela precisava sair. Foi fazendo força e mais força, sempre dizendo: "Ai, como dói sair daqui. Está doendo tanto!". Usou, então, toda a sua força até conseguir. Só que agora estava diferente. Porém, não conseguia enxergar como era bela e no que havia se transformado. Então, resolveu descer novamente e foi com aquele peso nas costas. Não conseguia entender o porquê daquele peso. No caminho de volta, tomou vários tombos, pois não estava usando da forma certa o que havia ganhado. E quando chegou lá vivia triste a reclamar:

"Ai, por que esse peso nas minhas costas? Para que tudo isso?".

Um dia, sentiu vontade de subir novamente ao topo daquela árvore e quis ir caminhando, como antes. Porém, toda vez que tentava, o peso em suas costas a derrubava. Enquanto isso, de longe, era observada, e aquela voz sempre falava: "Vai, você consegue". Só que agora era de maneira diferente. No entanto, estava tão afundada nas suas tristezas que não conseguia escutar aquela voz, e só dizia: "Eu não consigo, está tão difícil. Por que esse peso? Aquela perda que sofri lá trás está doendo tanto." E todos ao seu redor a ouviam reclamar.

Algumas pessoas começaram a se afastar dela, pois quem gosta de estar perto de quem só vive reclamando? Porém, um dia, uma borboleta branca, com bastante experiência e muito sábia, a observou de longe e compreendeu que aquela nova borboleta era capaz. Ao ouvi-la reclamar, foi em sua direção e perguntou: "Ei, por que você vive chorando e reclamando? Você é tão linda, tão amorosa. Olhe quantas conquistas já teve, olhe quem se tornou".

A borboleta, então, respondeu: "Estou triste, pois não consigo chegar aonde quero. Antes, quando eu era apenas uma lagarta, mesmo com dificuldade conseguia chegar. Mas agora, com esse peso nas costas, não consigo. Nunca mais vou conseguir ir para lá novamente". Logo, aquela borboleta branca olhou em seus olhos e disse: "Ei, você é capaz, e é muito melhor do que consegue imaginar". Deus te usa da maneira que você é. Você só precisa fazer duas coisas: parar de reclamar e abrir suas asas para voar. Agora, você não é mais lagarta, e sim, uma borboleta. Então voe, e voe alto.

A borboleta branca saiu e ficou a observá-la. A borboleta rosa ficou pensando em tudo aquilo que foi dito. Resolveu abrir as asas e outra vez ouviu aquela voz que lhe dizia: "Vai, você consegue". E quando abriu as asas e voou, foi muito mais fácil e rápido chegar aonde queria. Antes mesmo, quando era apenas uma lagarta, não tinha sido tão fácil chegar ali.

Agora, poderia não só ir até ali, mas também voar para outros lugares e espalhar o amor de Deus por onde passasse, contando a todos sobre suas transformações. Aonde ia, todos admiravam quem a lagarta se tornou. A voz que sempre falava com ela continua a orientar seus voos. Essa voz era o Espírito Santo, que a aproximava cada vez mais de Deus, sempre dizendo: "Vai, você consegue".

Em meio aos seus voos, a borboleta rosa precisou pousar e pensou: "Será que consigo voar mais alto?". E a borboleta branca voltava e dizia, novamente: "Vai, você consegue voar alto". Assim, impulsionada, a borboleta rosa voava cada vez mais alto. Houve um momento em que voou tão alto que a borboleta branca veio e disse: "Agora você consegue voar sozinha e eu vou para outro lugar, influenciar outras borboletas como você a voar alto. Siga em frente! Eu acredito em você, menina. Voe alto sempre". E assim, a borboleta rosa continua a voar em direção ao que Deus quer.

Essa borboleta sou eu. Porém, não queria aceitar aquilo em que Deus me transformou. Uma perda e situações de *bullying* me fizeram uma pessoa triste, que vivia a reclamar, principalmente nas redes sociais. Não conseguia enxergar que havia conquistado tudo aquilo por que lutei e o que Deus fez no meu ministério. Foi aí que Ele usou minha pastora para dizer tudo o que eu precisava ouvir. Foi a "surra" de amor de que precisava. Ela olhou nos meus olhos e disse: "Vai, você consegue, eu acredito em você". Ela acreditou nas promessas de Deus para a minha vida e teve um olhar espiritual para me direcionar a não destruir com minhas próprias mãos o propósito de Deus pra mim. Hoje, ela está em outro campo, influenciando outras pessoas, e tenho aprendido a ouvir a voz do Espírito Santo, que me diz: "Vai, você consegue", pois sou depende dEle.

Se você sentir que esta história está descrevendo o seu chamado, é preciso entender que você é uma borboleta na mão de Deus, que passa por metamorfoses para se tornar o que Ele quer.

Amadurecer é viver a transformação. Esse processo dói, mas nos torna melhores. Haverá momentos em que se sentirá só, pois Deus estará em silêncio. Porém, Ele te carrega no colo. Haverá vezes que você precisará pousar, mas olhe para o alto que encontrará o socorro que precisa. É necessário ser dependente de Deus, e somente dEle. Por isso, quando Ele te afastar de pessoas que te influenciam a voar alto, é porque Ele sabe que chegou o momento em que é preciso ser influenciado pela voz do Espírito Santo que habita em você.

Olhe para si mesmo como Deus te vê, sem perder a essência de que é para Ele e por causa Dele. Aceite a transformação e não queira voltar atrás. Não se esconda: deixe a luz de Deus brilhar em você. Seja forte e corajoso, pois foi Deus que te escolheu. Voe, e voe alto. Acredite que é capaz, pois quem te escolhe te torna capaz. Lembre: suas experiências irão influenciar vidas; então, viva todas elas com intensidade. Tudo é aprendizado para o amadurecimento. Não é para entender o processo, mas vivê-lo. Portanto, não pule etapas: todas elas são necessárias na sua história.

"*Tudo tem um tempo determinado por Deus*" (Eclesiastes 3:1-8). Deus é quem vai dizer que está pronto; e quando Ele disser: "Vai, pegue seu medo, suas dificuldades e voe", foi assim mesmo que Ele te escolheu, pois Ele olha para as suas qualidades e para a sinceridade que está no seu coração. Não importa o que os outros dizem, mas o que Deus sabe sobre você. Então, pegue seu chamado. Vai, você consegue. Acredite!

Lições para a vida:

- Existem fases e todas elas devem ser respeitadas.
- Estar no lugar certo fará você enfrentar tempestades que não vão te impedir de alcançar o lugar estabelecido por Deus.
- Somos escolhidos por um propósito ainda na formação.
- O Espírito Santo sempre te impulsionará, dizendo: "Vai, você consegue", para os planos de Deus.
- A lagarta se limita ao ambiente que é necessário para ela.
- Borboletas não voltam a ser lagartas.
- As asas não foram feitas para serem carregadas, e sim, abertas para voar.
- Há momentos em que é preciso ter alguém que te impulsione a voar.
- Borboletas espalham coisas boas e geram flores.
- Casulo é só entre você e Deus.
- Para sair do casulo, você vai precisar usar toda a sua força e ninguém irá te ajudar.
- Existem momentos em que é preciso pousar para alçar altos voos.
- É preciso depender somente de Deus.

“Viva a transformação. Não tente entender, apenas viva esse processo. Não se trata de um acaso: é o propósito estabelecido por Deus.”

Bebel Cristina

Carla Souza

Meu nome é Carla Souza, sou mãe de Ilze Caroline e casada com Wilfran. Nasci em João Pessoa (PB), onde hoje resido. Sou empreendedora, palestrante, *coach* e treinadora de equipes de vendas e liderança. Possuo 20 anos de experiência em vendas diretas, sendo 11 deles no marketing multinível. Construí uma equipe com mais de sete mil pessoas, conheço seis países e já ministrei palestras para mais de 30 mil pessoas.

Sou, ainda, esteticista, formada em Estética e Cosmetologia pela Faculdade Internacional da Paraíba. Atuo em consultório de estética, auxiliando meus clientes a elevarem sua autoestima, encontrando sua melhor versão.

Em minha história, superei muitos desafios e provei que é possível mudar a própria vida através do autoconhecimento e de um desejo ardente de ajudar as pessoas a se desenvolverem e evoluírem em todas as áreas de suas vidas.

carlaelaynesouza

dra.carlasouza

+55 (83) 99900-8366

carla.laine@hotmail.com

05 SAIBA AONDE VOCÊ QUER CHEGAR

Por Carla Souza

Nasci em João Pessoa e venho de uma família humilde. Meu pai era empreendedor e minha mãe, dona de casa. Tenho quatro irmãos e sou a única que empreende. Nas conversas entre meu pai e minha mãe, sempre ouvi ele falar sobre trabalhar como autônomo, ou seja: empresário. Para ele, mesmo que fosse um microempresário seria melhor do que trabalhar para um patrão. E pude vê-lo empreender em vários segmentos na vida.

Aos 43 anos, meu pai faleceu. Eu tinha apenas 12 anos e demorei a acreditar que aquilo estivesse acontecendo comigo. Meu pai nunca tinha deixado minha mãe trabalhar fora. Ela sempre cuidou da casa e dos filhos; agora, teria que viver com uma pensão de um salário-mínimo. Assim, precisei começar a trabalhar cedo para ajudar no orçamento familiar, fazendo pequenas vendas de bolos e sanduíches na escola. Mas, muitas vezes, trazia tudo de volta para casa, porque ficava com vergonha de vendê-los ali.

Como o dinheiro era curto, entrei para um programa de capacitação de jovens para o trabalho com pouca remuneração. Em seguida, consegui um emprego em uma gráfica, onde trabalhava o dia inteiro. Acordava muito cedo, às 5h da manhã, pagando um preço por algo que não ia valer a pena, pois ficava exausta. Assim, acabei abandonando a escola já no último ano do Ensino Médio. Somente mais tarde, aos 26 anos, concluí meus estudos através do ensino supletivo.

Aos 17 anos, conheci a venda direta de cosméticos e imaginei que essa fosse uma ótima fonte de renda. Portanto, um dia fui a um encontro em que as vendedoras se reuniam, e havia uma promotora da empresa dando uma palestra e motivando aquelas pessoas. Fiquei encantada, saí dali imaginando um dia dar uma palestra assim também. Parece engraçado, mas eu acabei caindo da escada (risos). Só que eu mal conseguia vender os produtos para meus amigos e familiares por causa da minha timidez.

Me casei aos 19 anos e fui embora da Paraíba. Morei no Maranhão e no Pará. Nesses estados, cultivava uma horta e vendia poucas hortaliças para sobreviver, além de criar galinhas. Sempre enfrentava dificuldades, era uma vida sofrida e pouco remunerada. Eu sonhava em um dia ter uma casa confortável, um carro legal e uma vida mais tranquila financeiramente. Aos 25 anos, ingressei no segmento de vendas diretas com a empresa Hinode, fato que deu uma guinada na minha vida. Nessa área, consegui sair do vermelho e pagar minhas dívidas.

Meu maior desafio foi superar a timidez de abordar as pessoas para vender cosméticos, pois precisava do dinheiro rápido que as vendas proporcionam. As minhas primeiras vendas ocorreram com a ajuda de uma amiga que vendia roupas, a Lilian Ferreira. Ela me levou até as suas clientes e me apresentou. Então, aos poucos, fui destravando aquela timidez.

Todas as vezes que eu ia visitar meus clientes, organizava uma lista com os seus nomes, e aquele era o meu objetivo diário: visitar todos eles. E, claro, estabelecia uma meta diária de vendas, só voltando para casa quando batia essa meta. O que mais me ajudou a convencer os clientes a comprarem aqueles produtos que ninguém conhecia, foi montar um kit de demonstração e apresentar os itens nessas visitas. Os clientes ficavam encantados com a qualidade do produto. As vendas foram acontecendo, mas eu procurava sempre planejar minhas metas e estratégias para atingir o meu objetivo. Para bater uma meta de vendas, você precisa se planejar e saber aonde quer chegar.

Também, estudava muito sobre os produtos que vendia, porque entendi que, estando bem-preparada, conseguiria transmitir muito mais credibilidade para os meus clientes. Daí, comecei a sonhar com esse negócio e a imaginar minha transformação de vida. Passei a idealizar tudo: um verdadeiro quadro dos sonhos. Como seria a minha casa, o meu carro, quanto gostaria de ter na conta bancária etc. Pois não importa de onde viemos, mas, sim, aonde queremos chegar.

Tomei a decisão de crescer no negócio, porque entendi que poderia ir além das vendas e, também, ajudar as pessoas a terem uma renda extra. Aos poucos, fui convidando muitas pessoas para, junto comigo, distribuir os produtos e obter lucros. Passei a elas a visão de tudo o que aconteceria em nossas vidas trabalhando juntas nesse negócio. Ouvi muitos "nãos", mas não desisti, pois o "não" faz parte da jornada de um vendedor. Assim, com o tempo, Deus foi colocando as pessoas certas no meu caminho.

Quando a equipe foi crescendo, comecei a treinar e capacitar essas pessoas em grupos, na garagem da minha casa. Com o tempo, tive que organizar tais treinamentos em hotéis. Depois de 10 anos, tinha sete mil pessoas na equipe, espalhadas pelo Brasil todo. Então, comecei a viajar para treinar e capacitar essas pessoas, e até mesmo inspirá-las a chegar aonde cheguei. Nessas palestras, participei do programa de capacitação para mulheres executivas no ramo de vendas diretas, por meio de um programa chamado Pérolas Hinode, reconhecido pela ONU.

Um líder ensina, inspira e motiva seu time a superar os desafios do crescimento, e esses desafios são muitos. Mas, dentre todas as dificuldades, o que mais impede o sucesso de alguém são o medo e a insegurança. Então, aprendi que quando sabemos aonde queremos chegar, precisamos mesmo controlar o medo, vencer esse sentimento ou ir com medo mesmo, só não podemos ficar parados. O sucesso persegue pessoas que estão em movimento.

Você sabe aonde quer chegar? Essa frase sempre me lembra do filme *Alice no país das maravilhas*, especificamente, do encontro de Alice com o gato. Nessa cena, Alice está perdida, e quando vê o gato na árvore pergunta a ele:

— Você pode me ajudar?
— Sim, pois não.
— Para onde vai essa estrada?
— Para onde você quer ir?
— Não sei, estou perdida.
— Para quem não sabe para onde vai, qualquer caminho serve.

Talvez você já tenha ouvido essa frase muitas vezes, tamanha é a verdade contida nela. E com que frequência nos perguntamos para onde queremos ir? Questionando a nossa vida, um grande problema que às vezes encontramos é justamente o fato de não sabermos aonde queremos ir, o que queremos conquistar, que vida queremos proporcionar à nossa família... E, com frequência, o medo começa a falar mais alto do que a confiança na jornada, bem como a dúvida, a falta de crença na sua capacidade de superação ou a falta de crença de que você vai conseguir atingir seus objetivos.

A primeira coisa que alguém deve saber antes de alcançar o sucesso é aonde deseja ir e o que quer conquistar. Seus objetivos precisam ser muito bem definidos e tudo começa com um sonho, que pode virar uma meta e que pode se tornar realidade. Toda conquista, um dia, foi um sonho. E quem não ousa sonhar jamais vai desfrutar das realizações.

Por isso, sonhe, mentalize seus sonhos, escreva seus sonhos, faça um quadro dos sonhos. Algum dia, você já pensou em fazer um quadro dos sonhos? Talvez você nunca tenha ouvido falar nele, mas essa é uma das melhores maneiras de aguçar o poder da visualização. Ele funciona como se fosse um mural de desejos, onde você pode se expressar com fotos, colagens, ilustrações, montagens ou a escrita de todos os seus desejos para o ano. Anote tudo o que pensar sobre suas conquistas e monte um quadro, mural ou varal, que pode ser *online* ou físico. O importante é visualizar aonde você quer chegar, todos os dias.

Alguns podem achar que isso é besteira, mas visualizar seus sonhos estimula o seu cérebro. No livro *Quem pensa enriquece*, Napoleão Hill fala sobre o desejo ou impulso de pensamento. Fazendo fortuna em pensamento, a única coisa que ele tinha era a ciência do que queria e a determinação de alimentar esse desejo, até realizá-lo.

Para realizar algo, você precisa ter iniciativa, fé e vontade de vencer. E o que faz as pessoas fracassarem? É o hábito de desistir, pois, às vezes, aquela derrota é apenas temporária e não significa o fim de tudo. Em minha jornada, além do desafio de superar a timidez e do dinheiro curto, tive que desenvolver algumas habilidades de liderança. Ao possuir uma equipe de mais de sete mil pessoas, precisei mentorear essa equipe, direcioná-la, mostrar a ela uma visão de futuro e, principalmente, ajudar a transformar a vida de cada um. Fiz vários cursos de desenvolvimento pessoal, *coaching* e administração financeira. Li, vários livros de autoajuda e até hoje não paro de me capacitar.

Um ano antes da pandemia, comecei a fazer a formação de Estética e Cosmetologia. A princípio, não desejava fazer carreira nessa área, apenas obter mais conhecimento sobre cosmetologia e processos da estética, para melhorar a qualidade de meus treinamentos de produtos. Porém, fui me encantando cada vez mais. Concluí em 2023, minha pós-graduação em Estética Avançada e, no momento, curso minha segunda pós-graduação, em Injetáveis da Estética. Hoje, atendo no meu próprio consultório, atuando com harmonização corporal e facial.

E aqui estou, empreendendo novamente, só que nesse segmento, inspirando pessoas a se tornarem sua melhor versão. Continuo a empreender nas vendas diretas; afinal, elas mudaram minha história. Empreender não é fácil. É uma atividade que exige criatividade, dedicação, disciplina, autorresponsabilidade, desenvolvimento pessoal e a manutenção de uma mentalidade positiva, com a visão de um futuro glorioso. Carrego comigo uma frase: "Só cabe no seu bolso o que cabe na sua mente". Ou seja: sua conta bancária só será grande se sua mente puder administrá-la. Se sua mente estiver preparada para o sucesso, alimente-a com pensamentos positivos e otimistas.

Nossos pensamentos têm poder; logo, não os deixe ao acaso. O que você pensa determina a forma como você sente, como considera a si mesmo e aos outros, bem como o que espera da vida e do futuro.

Sou muito feliz e grata a Deus por tudo o que Ele me proporcionou, por todos os aprendizados, pelas conquistas e bençãos sobre o meu trabalho. Sempre digo que Deus abençoa os esforços, e se não fizermos nada para melhorar a nossa vida ou o nosso negócio, o sucesso não cairá do céu.

“Não importa de onde eu vim, pois sei aonde quero chegar.”

Carla Souza

Cláudia Aparecida Miranda de Morais

Sou Cláudia Morais, filha de José e Rosa e a mais velha de seis irmãos. Nasci em São Paulo, tenho 51 anos e sou casada com Ricardo, meu companheiro de jornada há 36 anos. Concebemos quatro filhos e cinco netos: a família é o bem mais precioso. Escorpiana, sou bacharel em Direito, pós-graduada em Autoconhecimento e Desenvolvimento Integral do Ser Humano, além de mediadora de conflitos e consteladora familiar. Hoje, atuo como terapeuta transpessoal, tendo acumulado mais de 3 mil horas de atendimentos terapêuticos, tanto individuais quanto em grupos.

Minha trajetória não se resume apenas à vivência acadêmica. Sou mentora de mulheres em grupos, inspirando e seguindo o meu propósito e os meus valores. Amo viver e sou apaixonada pela natureza. Espiritualista, vivo intensamente cada momento.

claudiamoraismiranda

+55 (11) 96693-4721

Claudia Morais

claudiamorais3325@gmail.com

06

DAS SOMBRAS DA ALMA À LUMINOSIDADE DO PROPÓSITO

Por Cláudia Aparecida Miranda de Morais

Permita-me compartilhar com vocês minha história. Minha infância foi desafiadora, pois cresci em um ambiente instável, com um pai alcoólatra e agressivo – o medo reinava em casa. Como a mais velha de seis irmãos, tive que assumir responsabilidades precocemente. Muito nova, já me encarreguei de resolver várias coisas para a minha mãe. Assim, algumas memórias impactaram minha vida enquanto mulher, como ter assistido a um parto de minha mãe, feito pelo meu pai. Lembro que eram muitos os gritos da minha mãe – foi uma verdadeira cena de horror. Eu não sabia que ela estava em trabalho de parto. Sem nenhuma vivência ou maturidade para entender o que acontecia ali, pois tinha apenas 5 anos, só me pediram para olhar quando o silêncio se fez, e lá estava o bebê. Durante muito tempo, fiquei com a cabeça perturbada por aquele acontecimento, e minha mãe tentava me explicar as coisas do jeitinho dela.

Somos três homens e três mulheres em casa, e minha mãe sempre foi muito amorosa com todos. O nosso lar era humilde, de madeira e chão de terra batido. Não tinha banheiro e tudo era muito precário, mas nós temos a melhor mãe do mundo. Tudo era bastante limpo: me lembro das panelas brilhando como espelho. O nosso dia era muito alegre; mas, ao cair da tarde, o pavor tomava conta. Logo chegaria o nosso pai, e todos os dias as cenas se repetiam. Eram muitas agressões e, também, vários palavrões. Via minha mãe, uma mulher meiga e tão forte ao mesmo tempo, passar por aquela vida sem nunca reclamar, sem se desesperar. Eu a observava com muita admiração e pena, pensando em como poderia mudar aquela situação. Com 7 anos, eu já elaborava planos para sair daquele cenário tóxico, mas minha mãe nunca falou em se separar, e eu pensava comigo: "Por quê?".

Aos poucos, meu pai foi ficando tão desequilibrado por conta da bebida que minha mãe decidiu pedir ajuda para levá-lo a uma casa de recuperação. No entanto, isso era tudo muito difícil: ela sem conhecer nada, não tinha meios para fazer isso; então, o pronto-socorro encaminhou meu pai para um manicômio. Vê-lo em um lugar tão sombrio foi uma cena terrível. Apesar de tudo o que vivíamos, eu o amava. Logo, essas internações começaram a ser constantes. E, cada vez que ele saía, voltava pior, com mais raiva e mais agressivo. Assim, eu comecei a me sentir um peixe fora d'água – não sabia onde era meu lugar, não sabia para aonde ir, pois eu queria salvar a minha mãe e meus irmãos daquele caos.

Fui crescendo; meu corpo era ainda infantil, mas minha cabeça somente pensava em coisas de adulto. Aos 13 anos, consegui o meu primeiro emprego. Fiquei muito feliz com isso, pois a partir de então poderia ajudar a minha família! Abandonei a escola no 5° ano do Ensino Fundamental e passei a somente trabalhar, pois poderia dar dinheiro para a minha mãe e roupas para meus irmãos. Fui ganhando cada vez mais força; sonhava alto, imaginava como seria a minha casa e a minha vida no futuro.

Aos 14 anos, conheci a pessoa que seria o meu companheiro. Éramos dois adolescentes em um relacionamento que, acredito, estava escrito nas estrelas. Engravidei e, então, iniciamos a nossa história. Nesse período, experimentei diversos sentimentos e sensações, além do medo do que poderia ser, como educar um bebê para ser uma pessoa feliz e boa? Depois, com o nascimento de minha filha, senti que uma nova mulher nasceu junto com ela. Soube, também, que precisava aprender a ser mulher, mãe e a conduzir uma família.

Desse modo, minha vida também não foram flores. Fui experimentando situações muito parecidas com as que a minha mãe tinha passado, e aquilo era inadmissível para mim. "Eu não aceito isso", pensava comigo. "Eu não tenho o direito de permitir que meus filhos sofram como eu." A luta se deu entre a minha história e a da minha mãe, pois meu companheiro também passava por problemas com dependência química, e eu, por isso, comecei uma briga com Deus. Dizia: "Deus, eu quero explicações, porque lhe disse que não queria essa vida, falei como queria que a minha casa fosse, pedi que meus filhos tivessem uma história diferente. Que pudéssemos comemorar um Natal em paz, que a minha casa fosse um lugar de paz e você não me ouviu.". Essa era a minha maior revolta. Perguntava incansavelmente a Ele: "Deus, o que eu fiz de errado?".

Para a minha surpresa, aos 18 anos descobri outra gravidez e me desesperei. Foi uma gestação muito difícil, pois meu emocional estava abalado, sentia uma grande insegurança a respeito de como seria minha vida com dois filhos. A sensação era a de que eu andava em círculos. Então, tive meu filho: um lindo menino grande, com os cabelos pretos, o bebê mais lindo que eu já tinha visto, me apaixonei! Agora, tinha duas crianças lindas, mas eu não conseguia me equilibrar emocionalmente.

Dois meses se passaram e meu filho teve uma gripe, um cansaço. Levei-o ao médico, fui tranquilizada e voltamos para casa. Na madrugada do dia 27 de setembro, ele sofreu uma parada cardíaca e não resistiu. Eu, que já não estava bem, com essa tragédia de perder meu filho experimentei uma dor na alma tão intensa que não via mais a luz. O dia e a noite eram uma coisa só. Vivia entre o presente e o passado, e sem sonhos para o futuro. Me perguntava desesperadamente: "Onde está Deus?". Mas a vida precisava continuar, apesar de minha alma estar na escuridão, eu tinha que buscar forças para cuidar da minha filha.

Então, resumindo, fui agraciada com mais duas filhas, que me trouxeram força e alegria. Eu só tinha 24 anos, mas sentia na minha alma e no meu psicológico como se eu tivesse 80 anos de idade, porque o peso era muito grande. Mas, como desde os 7 anos eu já brigava e pedia a Deus que me mostrasse o caminho para que eu pudesse entender a vida de maneira clara, rogando que essa compreensão acontecesse na minha alma, sempre apareciam pessoas que falavam comigo sobre assuntos espirituais. Eu as ouvia, só que nada fazia sentido para mim. Elas me falavam de um Deus que castigava, mas eu não aceitava essa explicação e iniciei uma busca. Apesar da revolta e da dor, eu precisava encontrar essas respostas.

A vida seguiu e eu tinha na minha cabeça que precisaria ensinar o melhor para as minhas filhas, que a educação e o cuidado que eu não tive eu daria a elas. Comecei a sentir um impulso dentro de mim, e uma voz no meu íntimo me dizia que existia algo maior, mas eu não sabia por onde começar. Porém, estava determinada a encontrar o caminho que me levaria a uma vida com significado. Fui conhecendo algumas religiões, observando e sentindo o que existia entre o céu e a terra, porque eu precisava entender. Conheci a umbanda, o budismo, o catolicismo e Deus de várias formas. Fui compreendendo e sentindo na alma que algo estava mudando dentro de mim, mas ainda não sabia lidar com minhas emoções e dores, que me tornaram uma pessoa endurecida.

Assim, iniciei uma jornada incansável para encontrar alguém que me direcionasse, e longos anos se passaram. Com 37 anos de idade, tive o ponto de partida que mudaria a minha vida de dentro para fora: encontrei Elza, uma terapeuta indicada por uma amiga, que me disse o quanto ela era maravilhosa, e me incentivou para que fosse procurá-la. Já cansada, mas ainda acreditando que algo aconteceria na minha vida, marquei um encontro com a terapeuta. No dia que estive com Elza pela primeira vez, senti Deus agindo e me carregando no colo até chegar a essa mulher. Quando olhei para ela, não sabia muito bem o que ia acontecer, mas a minha fala foi exatamente essa: "Eu entrego a minha vida em suas mãos, me ajude". E não me arrependi!

Iniciamos um processo de terapia, mesmo eu tendo ainda muito preconceito, pois não conhecia o processo, e era tudo bastante novo para mim. Mas, em pouco tempo, senti o amor dela. As sessões me reconstruíam e ela me ensinava a entender e aceitar, de forma que tudo fazia sentido em meu coração. Elza me deu a mão e me tirou da escuridão da minha alma, além de ter me ensinado a ressignificar a minha história. Então, o chamado foi acontecendo ali, durante as sessões, porque, apesar de tudo o que vivi, sempre ajudei as pessoas. Eu estendia a mão a qualquer um que viesse a mim, numa atitude natural. Não me achava melhor do que ninguém – me via como uma mulher que buscava justiça e amor, só não sabia como fazer isso, e Elza foi me guiando. Na verdade, posso dizer que ela não só foi minha terapeuta, mas minha mestre espiritual!

Nesse processo, reconheci ainda mais a importância de confiar, pois esse é um dos nossos principais desafios. Eu confiei na pessoa que me conduziu em meu processo de autotransformação. Portanto, convido você a confiar primeiro em você mesmo. Depois, se dê também a oportunidade de confiar em quem te guia!

A minha percepção de mundo e do meu mundo, bem como do meu corpo, da minha mente e da minha alma, agora está unida. Até a espiritualidade se alinhar ao meu psicológico e emocional, vivi um processo longo, desafiador e lindo. Nesse momento, comecei a sentir fortemente um chamado para auxiliar ainda mais pessoas a também encontrarem o mesmo caminho que eu: o da paz e da felicidade. E o tempo que eu tiver para viver, viverei intensamente a minha missão! Quando tive essa compreensão dentro de mim, agradeci imensamente aos meus pais por me darem o maior presente possível: a minha vida.

O caminho do autoconhecimento me permitiu aceitar tudo como aconteceu. Também, foi muito importante eu voltar para o meu lugar de filha, ressignificando, aceitando e honrando a minha história. Hoje, me sinto inteira porque essa aceitação de tudo que veio antes de mim me faz ser a pessoa que sou hoje!

Agradeço por poder compartilhar com você um recorte da minha história. Espero, desse modo, inspirá-lo a confiar na bondade divina.

"Na aceitação, encontramos a verdadeira luz que brilha em nós."

Cláudia Aparecida Miranda de Morais

Dado Sugawara

Sou Dado Sugawara, nascido em Belém do Pará. Moro no estado de Maryland, região da Grande Washington, D.C., capital dos EUA. Eu, minha esposa Mayara e meus dois filhos, Samuel e Rebecca, formamos uma família de missionários que migrou para a América do Norte em 2015.

Sou bacharel em Comunicação Social, com habilitação em Publicidade e Propaganda e tenho MBA em Marketing. Larguei uma carreira promissora de quase 20 anos no mercado para servir à igreja brasileira no exterior. *Senior Pastor* da Assembleia de Deus Church, já estamos presentes em três estados dos EUA, com a expectativa de ampliar ainda mais nossa presença em outras regiões do país.

Conhecer Jesus foi a coisa mais importante que aconteceu em minha vida. A segunda maior é apresentá-lo para as pessoas.

pastordadosugawara

+1 240 7072420

pastor@assembleiadedeus.org

07 SE DEUS QUISER...

Por Dado Sugawara

"Se Deus quiser": essa frase é comumente repetida por pessoas de diferentes credos, religiões e pensamentos. Para alguns, é uma expressão que aponta para uma ação otimista no futuro. Para um cético ou um agnóstico seria motivo de deboche imaginar que existe no céu um protocolo que registra pedidos, ou, então, que Deus deixará seus afazeres para nos atender. Mas "Se Deus quiser", para alguém que vive segundo os propósitos divinos, é uma afirmação pela fé, uma garantia de êxito. Experiências de superação geram um diferente *mindset* a todos os que buscam uma nova direção para a sua vida. Garanto que, se você alinhar seus propósitos com os de Deus, seus projetos darão certo.

Em 2009, decidi caminhar com Jesus após conhecer pessoas de sucesso que se inspiravam nas sagradas escrituras. Precisava matar minha sede na mesma fonte que eles. Foi lá que encontrei Jesus, me dizendo as mesmas palavras que dirigiu a uma samaritana: "*A pessoa que beber da água que eu lhe der nunca mais terá sede. Porque a água que eu lhe der se tornará, nela, uma fonte de água que dará vida eterna*" (João 4:14).

Após três anos de fortalecimento na fé em Jesus, abandonei algumas crenças e aprendizados de vida. Lembro o quanto rotulavam o casamento como uma instituição falida. Contrariando a opinião dos fracassados, em 2012 conheci a Mayara, que logo se tornaria minha esposa. No ano seguinte nasceu nosso primeiro filho e, com ele, renasceu meu novo "eu".. A família é a base ideal para os nossos sonhos.

Em 2015, Deus nos enviou para os EUA. Deixamos para trás planos, sonhos e familiares. Um ano depois, nasceu nossa filha. Foi uma experiência que quase me deixou viúvo precocemente, com duas crianças. Naquela tormenta, lembrei: "*Apeguemo-nos com firmeza à esperança que professamos, pois aquele que prometeu é fiel*", Hebreus 10:23. Mesmo debaixo da vontade absoluta de Deus, desafios fazem parte da jornada. Compreendi que para chegar ao propósito precisaria suportar o processo. É nessa fase que muitos desistem, mas eu tinha que prosseguir.

Escolher caminhar com Jesus foi desafiador desde o início. Abandonei minha carreira na televisão, o que pareceu uma completa loucura para pessoas mais próximas. Me formei em Publicidade com muita dedicação, e na contramão de muitos aspectos da vida acadêmica. Descobri cedo uma aptidão para os negócios; tinha uma criatividade aguçada para criar soluções e vendê-las – e era isso o que me motivava.

Iniciei minha carreira como estagiário no SBT, em Belém do Pará. Oito meses depois, recebi uma proposta para ser coordenador de marketing regional de uma gigante marca de alimentos. Após assumir esse cargo, minha gestão conquistou premiações inéditas no Brasil e, mais uma vez, antes de completar um ano na Sadia S/A, fui convidado a voltar para o SBT. Eu já estava cotado para ser um dos principais executivos da área comercial da emissora. A televisão abriu muitas portas para mim: trabalhei ao lado dos principais gestores brasileiros e aprendi muito com eles. Fiz negócios promissores ao atuar nessas áreas, o que me gerou ótimos salários e viagens pelo Brasil, além de muitos benefícios. Tudo isso me projetou em vários aspectos, inclusive nos âmbitos financeiro e social. Meu *networking* contava com pessoas influentes e famosas, personalidades que, antes, eu só conhecia pela TV. Havia encontrado o meu lugar.

Certa vez, estava numa casa noturna em São Paulo que pertencia a um famoso apresentador de TV. Por tradição, ele abria uma garrafa de champanhe de mais de 10 mil reais usando uma espada. Aquele ritual era o ápice da festa. Eu estava lá com meus diretores e celebridades. Quem diria que eu estaria no centro dos *flashes* de *paparazzi*? Mas, enquanto isso, uma sensação estranha me confrontava a alma. Quem sabe eu deveria me convencer de que merecia estar ali? Afinal, eu havia "chegado lá". Mas "lá" onde?

Saí dali e decidi largar tudo. Estava no lugar errado, e não se tratava daquela noite ou daquele lugar em específico, mas daquela vida, daquele trabalho. Aquela água não matava minha sede. Queria encontrar a fonte certa, e descobri, ali, o que verdadeiramente Deus queria para mim. Eu estava disposto a "resetar" minha carreira, mesmo descobrindo que minha vida estava atrelada a ela. Foi preciso fazer uma formatação completa, limpar memórias, deletar o que não era mais executável para mim. Assim, destruí meu *networking* e todas as conexões que havia conquistado. Poucos meses depois, me senti um verdadeiro fracasso, sem trabalho e ganhos. Sofria e tinha vontade de retroceder e desistir da ideia de largar tudo por Jesus. Vivendo esse dilema, descobri um motor de propulsão dentro de mim. Usei as reservas de equilíbrio emocional para fazer algo novo, que não fosse gerar dinheiro. Conheci livros de autoajuda, mas precisava mesmo da ajuda do alto.

Não buscava mais projeção profissional: queria uma projeção para Deus. Esperava que Ele notasse meu esforço, semelhante ao de Moisés para encontrar Deus no Monte Sinai: um monte escarpado, de difícil acesso, com um trajeto íngreme e rochoso. Isso se assemelhava, também, ao momento que eu vivia, à procura por Deus. **Aprendi que Deus aprecia nosso esforço: do contrário, Ele teria encontrado Moisés no começo ou no meio da subida. Mas o que Ele tinha para entregar a Moisés estava no alto do monte. Para chegar ao cume, seria necessário esforço**.

Eu precisava ir para um lugar mais alto. Assim, em outubro de 2015, eu, Mayara e nosso filho de apenas 2 anos nos mudamos para os EUA. Ouvia a voz de Deus dizendo: "Sai do meio dos teus, quero te levar para um lugar novo e te farei pai de multidões". Como foi com Abraão, começava ali uma nova e desconhecida etapa dos propósitos de Deus para nossa família. Chegamos aos Estados Unidos com muitos desafios pela frente, como o idioma, a cultura e pouquíssimos recursos financeiros. Tinha apenas um amigo brasileiro no novo país, que morava na casa de seu pastor. Sabendo que eu era publicitário, eles me convidaram, ainda no Brasil, para ajudá-los a produzir livros e promover a igreja aos brasileiros que viviam em Washington D.C. O convite incluiu promessas de apoio para mim e minha família. Moradia temporária, trabalho e calor humano era tudo o que necessitávamos naquele momento. Era uma época de frio extremo, e percebemos que havíamos entrado numa fria, literalmente.

Devido a promessas não cumpridas e palavras não honradas, tudo o que era sonho virou um grande pesadelo. Em duas semanas, estávamos desamparados, com uma criança pequena. Meu filho, que sempre foi um menino alegre e sorridente, mal imaginava o problema que seus pais enfrentavam. Ele celebrava a beleza do novo país, enquanto eu me preocupava com o deserto que precisávamos atravessar para chegarmos ao projeto que Deus tinha para nós. Minha esposa só chorava de preocupação, mas correr riscos não seria uma opção, e voltar para o Brasil muito menos. Acho que Deus poderia ter me arrancado do Brasil antes de eu me casar, sem precisar envolver esposa e filhos nesse chamado. A verdade é que Ele quis que tudo acontecesse em família. Quando Deus quer fazer algo através de nós, Ele primeiro faz em nós. Havia algo para a nossa família, e isso estava ficando claro.

Jamais imaginei as batalhas que enfrentaríamos, mas compreendi que precisava aprender a depender somente de Deus. Os primeiros três anos foram de um absoluto deserto nos EUA. A falta de experiência e o convívio com pessoas maldosas era angustiante. Vi pessoas como eu, vulneráveis, sendo enganadas pelas circunstâncias em que se encontravam, e por necessitarem de um trabalho. Sofri humilhações e, algumas vezes, fui obrigado a aceitar salários que mal garantiam o básico para uma família se sustentar por um mês.

Vivemos constantes ameaças de despejo por não termos dinheiro para o aluguel. Além disso, em 2016, presenciamos uma das piores nevascas dos últimos tempos. Ficamos quatro dias dentro de casa por causa da neve; e, quando a nevasca cessou, encontrei meu carro destruído por um trator que limpava a rua e deve ter confundido o veículo com um monte de neve. Ele tinha um motor bastante usado, com mais de 560 mil km rodados, mas era naquele carro que eu trabalhava entregando pizzas. Nunca passamos fome, pois descobri projetos sociais que doavam alimentos, o que amenizava nossas despesas. No entanto, cheguei um dia a catar moedas para comprar água.

Em 2018, após exatos três anos de experiências com Deus neste lugar, recebemos a Sua missão completa: a de iniciar uma igreja missionária para brasileiros, já que estávamos aqui e conhecíamos bem a realidade local. Tive motivos fortes para não aceitar, mas entendi que os gigantes se levantaram contra nós, o que era o sinal de que já nos encontrávamos na terra da promessa. Estávamos todos mais perto da vontade de Deus e dos propósitos que nos trouxeram a este país.

Tinha acabado de sair do fundo do poço, e eu e minha esposa começávamos a colher os primeiros frutos de um negócio familiar; então, assumir uma igreja não fazia parte dos nossos planos. Mas os planos do Senhor são bem maiores e melhores que os nossos. Deus falou ao meu coração: "Cuide dos meus e eu cuidarei dos seus". Cinco anos se passaram desde a primeira reunião de brasileiros na nossa casa; hoje, somos uma igreja relevante na região de D.C., com um número de membros surpreendente, a quem amorosamente chamamos de nossos filhos espirituais. A igreja possui uma liderança forte, com vários pastores auxiliares. Com eles, temos um projeto de expansão da igreja para todo os EUA.

Deus cuidou com amor da minha família e de tudo o que temos nesse processo. Aprendi a dar prioridade ao Reino de Deus, e vi, desde então, todas as coisas que um dia precisávamos acrescentar sobre nós. Temos vivido as promessas de Deus dia após dia, recebendo muito mais do que pensamos ou sonhamos alcançar aqui. Quando Deus quer, Deus opera.

"Feliz é o homem que encontra no Senhor seu propósito de vida."

Dado Sugawara

Daiane Lehmkuhl Pagel

Sou Daiane Lehmkuhl Pagel, filha amada de Deus, mãe dos gêmeos Enzo e Giulia, esposa de Vanderlei e filha de Argeu e Ivone. Formada em Direito pela FURB, tenho mais de 20 anos de experiência em ambiente corporativo.

Sou apaixonada por desenvolvimento humano e crescimento pessoal. Acredito na transformação das pessoas. Sou *master coach*, formada pelo IGT, analista comportamental, palestrante e mentora de carreira e liderança, com formação pelo Instituto Ahava.

Minha especialidade é conduzir profissionais a evoluírem na carreira com propósito, para conquistarem sua realização profissional com significado.

Não limite seu potencial, seja tudo o que você pode ser!

daianelkl.oficial

+55 (47) 99188-5563

daiane.le7@gmail.com

08 PROFISSÃO COM PROPÓSITO: A VERDADEIRA REALIZAÇÃO

Por Daiane Lehmkuhl Pagel

Hoje, tenho autoconhecimento e clareza sobre o meu propósito de vida e sobre como conquistar a realização profissional com significado. Mas nem sempre foi assim. Tive muitas referências e vários exemplos da minha família sobre honestidade, responsabilidade e dedicação ao trabalho. Sou a filha mais nova de três irmãos, fui abençoada com uma família incrível que me amou com respeito e me ensinou com exemplos sobre os principais valores da vida. Naturalmente, minha primeira referência profissional são meus pais.

Embora tenha desfrutado dos benefícios de ser a caçula, ingressei no mercado de trabalho aos 12 anos de idade. Era uma empresa pequena, onde também trabalhavam meu pai e meus irmãos. Ali, identifiquei uma oportunidade, pois enquanto alguns colegas meus faziam curso de informática – que na época não era acessível a todos –, eu aprendia e praticava a tecnologia da informática com a famosa internet discada, e sendo remunerada para isso.

Estudando em escola pública, antes de concluir o Ensino Fundamental recebi, dessa empresa em que trabalhava, a proposta de uma bolsa de estudos para o curso de Direito. Prontamente eu aceitei. Assim, aos 17 anos, ingressei na faculdade. Aos 22 anos, me formei; e, na segunda tentativa, passei na temida prova da OAB. Finalmente, era advogada!

Nessa época estava casada, desfrutando de um casamento feliz e em harmonia com as demais áreas da minha vida pessoal. Mas, por alguma razão, não sentia que estava sendo a protagonista da minha história. Tinha a sensação de não estar vivendo com a intensidade que eu tanto desejava. Continuei trabalhando na mesma empresa, agora no setor jurídico. Porém, com o passar dos anos, não conseguia encontrar um sentido naquilo que fazia.

Não sentia prazer em estudar ou me especializar com intensidade em alguma área do Direito. Embora eu tenha o valor da liberdade extremamente alto, também não tinha estímulo para abrir um escritório de advocacia. Me acomodei, mas até na acomodação existe um desconforto. Então, me deparei com a seguinte situação: eu era advogada, tinha mais de 20 anos de empresa, e não gostava da vista da minha janela.

Eu tinha a plena convicção de que a vista daquela janela representava a inércia e a frustração profissional que eu experimentava. Metaforicamente, eu me sentia presa, ciente de que havia um mundo imenso, cheio de possibilidades a ser desbravado. Eu era remunerada, porém, estava profissionalmente frustrada. Sempre acreditei que Deus nos criou com um propósito. Naquele período, eu não tinha ideia de qual seria o meu, só sabia que não estava cumprindo esse chamado.

Então, aos 33 anos, esbarrei com uma frase em forma de pergunta, que indagava "se eu estava construindo histórias que eu teria orgulho de contar para meus filhos e netos". Fiquei perplexa, não gostei da resposta óbvia que futuramente eu daria se não fizesse nada a respeito disso naquele momento. Compreendi que estava passando pelo mundo de forma despercebida, pois não fazia a diferença na vida das pessoas da forma que eu desejava.

Nessa época, fiz o meu primeiro movimento: o do "basta!" – e isso já foi libertador. Logo, tive a minha primeira clareza, que foi a plena certeza de que eu não queria continuar naquela situação. Mudar nem sempre é fácil, e recomeçar pode ser desafiador. Mas eu compreendi que permanecer na dor era uma decisão; por isso, resolvi buscar minha realização profissional alinhada ao meu propósito de vida, mesmo sem ter a menor ideia de qual caminho seguir.

Após muita reflexão e oração, percebi que a grande jornada é para dentro. E, de forma desafiadora, busquei o autoconhecimento. Acredito que nada acontece por acaso; logo, nessa busca, encontrei mentores com quem passei a me identificar por sua forma de pensar.

Fiz uma imersão de autoconhecimento e, durante esse processo, conheci o *coaching*. Comecei, assim, a fazer essa jornada com a ajuda de uma coach que, de forma incrível, me conduziu por um caminho de entendimento e autoconhecimento. Passei a ter a convicção de que o meu propósito de vida estava relacionado a servir e fazer a diferença na vida das pessoas. Porém, não conseguia compreender de qual forma eu poderia exercer esse propósito com uma profissão. Eu buscava a essência do trabalho com significado, e meu principal objetivo era ter clareza sobre a escolha de uma profissão que respeitasse meu propósito de vida.

Nessa jornada, o *coaching* estava sendo tão positivo na minha vida que eu não apenas me encantei com a metodologia e os resultados do meu processo, mas consegui identificar no *coaching* uma possível profissão, um propósito, ou melhor: a minha profissão com propósito.

Decidi fazer a formação em *coaching* para saber, com certeza, se esse era o meu caminho. Já nos primeiros instantes da minha formação tive essa convicção em meu coração, ao tomar conhecimento de que o mantra daquela instituição era a oração de São Francisco de Assis – na minha interpretação, essa oração é a pura expressão do amor em forma de servir. Compreendi que eu poderia contribuir e impactar positivamente a vida das pessoas por meio da metodologia e da seriedade do *coaching*.

A profissão é a manifestação do nosso propósito em forma de servir. Se a nossa vida profissional está em desordem, isso acabará, infelizmente, afetando outras esferas da nossa existência, como a pessoal, a familiar, a física e a emocional. E, por conhecer a dor da frustração profissional, da dúvida, da incerteza e, também, as dores emocionais de quem passa por isso, compreendi que eu poderia exercer o meu propósito de servir, contribuindo para a evolução profissional de pessoas e equipes através do *coaching*, de mentorias e palestras.

Essa clareza também me fez compreender que meu propósito de vida vai além da área profissional, pois ao exercer nosso propósito deixamos uma marca positiva no mundo. Nesse processo de autoconhecimento, eu e meu esposo fomos abençoados com um casal de filhos gêmeos. Hoje, também exerço meu propósito como mãe, e busco ser melhor por eles e para eles. Quero transmitir aos meus filhos a compreensão de que todo sonho vale a pena ser vivido, e que a vida é uma dádiva, e não devemos desperdiçá-la.

Todos merecemos ter consciência do propósito da nossa existência; mais ainda: merecemos vivenciar o nosso propósito de vida de forma plena e intencional. A profissão com propósito é a conquista da realização profissional com significado. Vivenciar isso é indescritível, é um sentimento que vai além da gratidão. Assim, espero que essas reflexões possam ajudá-lo a encontrar clareza e direção.

Três pilares foram fundamentais para eu conquistar minha profissão com propósito e, acima de tudo, realização com significado. São eles:

1. Autoconhecimento

O autoconhecimento é essencial e libertador, pois através dele é possível identificar habilidades, interesses, valores e crenças, compreender padrões de comportamento, pontos fortes e áreas de desenvolvimento. Ainda, com autoconhecimento pode-se descobrir quais sabotadores podem dificultar seu processo de evolução.

Quanto à área profissional, é importante buscar algo que esteja alinhado com seus interesses, valores e suas habilidades.

2. Clareza

A clareza é imprescindível em qualquer etapa da vida, pois conforme a sabedoria de Sêneca, "não há vento favorável para aquele que não sabe para onde vai".

A clareza é a visão nítida de seus objetivos, desejos e necessidades. Quando ela está presente, é mais fácil traçar um plano de ação e tomar decisões em consonância com o que se busca alcançar. Além disso, a clareza também ajuda a identificar os obstáculos e as limitações que podem estar impedindo o progresso, permitindo que eles sejam superados de forma mais eficiente.

3. Propósito de vida

O propósito de vida é algo único para cada pessoa; é uma busca individual por significado e sentido à nossa existência. Trata-se da compreensão profunda e autêntica do que de fato importa, identificando o que realmente faz sentido e gera satisfação. Nesse sentido, algumas perguntas podem ser úteis, como: "O que me faz feliz?"; "Como posso contribuir positivamente com o mundo?"; "O que me motiva?" Refletir sobre essas questões pode ajudar a encontrar um propósito que se alinhe com a sua essência.

É importante compreender que existem situações em que o propósito de vida não está relacionado à área profissional. Por exemplo: a pessoa pode exercer sua profissão e ter como propósito de vida ser voluntário em determinados dias da semana, dentre outros objetivos. Priorize a sua existência e dedique-se a essas descobertas, pois elas transformarão a sua vida.

Agora, convido você a refletir, respondendo a duas perguntas:

Você está vivendo de forma alinhada ao seu propósito de vida?
Você está construindo as histórias que terá orgulho de contar para seus filhos e netos?

Se você identificou algum ponto de melhoria, pergunte a si mesmo:
Quais mudanças posso fazer hoje para me tornar a melhor versão de mim mesmo?
. Quais são os pequenos passos que posso dar diariamente para exercer minha profissão, sendo fiel ao meu propósito de vida?

Lembre-se de que você possui dentro de si um poder imenso para criar a vida que deseja. Acredite em você e se mantenha comprometido com seu crescimento pessoal. A jornada pode ser desafiadora, mas cada passo dado na direção dos seus sonhos é uma vitória, e você não estará mais no mesmo lugar.

Como acredito que é possível transformar a vida de pessoas através do *coaching*, e por gratidão à minha jornada, presentearei dez vagas na minha agenda. Farei, gratuitamente, uma sessão de clareza plena, para você alcançar a realização profissional alinhada ao seu propósito de vida. Serão contempladas as dez primeiras pessoas que me chamarem no Direct do Instagram.

Viver com intencionalidade, presença plena e intensidade é uma decisão. Nunca é tarde para mudar, para se reinventar, evoluir e ir em busca dos seus sonhos. Principalmente, nunca é tarde para ser tudo o que você está destinado a ser. A vida é agora. Agradece e vai!

“A profissão com propósito é a conquista da realização profissional com significado.”

Daiane Lehmkuhl Pagel

Davi de Novais

Sou Davi de Novais Batista, nasci em São Paulo, em 1969. Filho de Dona Nelci e Rivaldável, vim de família humilde, porém estruturada. Nasci com miopia e astigmatismo, mas isso não me impediu de viver intensamente! Aos 16 anos, enquanto pedalava minha bicicleta, fui atropelado por um caminhão. O acidente me deixou em coma por 21 dias; quando acordei, demorei uma semana para me lembrar de quem era. Infelizmente, perdi a visão de um olho nessa ocasião; e a visão do outro, que já tinha uma miopia de 5 graus, passou para 9, e depois 15 graus. Aos 33 anos, enfrentei um novo desafio: o descolamento de retina e o glaucoma, e perdi a outra visão. Mais uma vez, fui testado em minha fé, mas não me dei por vencido. Segui em frente.

Hoje, estou aqui para compartilhar meu testemunho e fortalecer a fé de vocês, queridos leitores do livro *Histórias que edificam*.

+55 (11) 97741-0545

09 UM CHAMADO ALÉM DA VISÃO

por Davi de Novais

Essa é a história de um homem que, com humildade e coragem, busca diariamente manter a fé, apesar de todas as adversidades que a vida lhe impõe.

No dia 11 de fevereiro de 1969, um dia típico de verão, uma mãe entra em trabalho de parto, chama um táxi na Freguesia do Ó e segue rumo ao hospital São Paulo, na Vila Mariana (SP). Entretanto, não chegou lá a tempo, e seu filho nasceu dentro do veículo, na frente do hospital. O menino cresceu saudável, e teve uma infância e educação excelentes. Criado em um ambiente evangélico, era muito espoleta, tinha muitos sonhos e a habilidade de desenhar. Muito novo, com cerca de 4 anos de idade, já era bastante desenvolto, e cantava o hinário adventista no púlpito da igreja. Na pré-escola, começou a fazer muitos desenhos que se destacavam. E, aos 8 anos, já trabalhava com carreto de feira em Pirituba, na Vila Zat (SP). Assim, ajudava os pais com o dinheiro que ganhava.

No entanto, na infância, ele sofreu traumas que o marcaram para sempre, como a perda de dois dos seus irmãos. O primeiro deles, Maxwell, faleceu de meningite aos 3 anos de idade. Um ano depois, estava presente quando sua irmã, Débora, de 2 anos, caiu do berço e não resistiu. Aos 10 anos, o menino viveu mais um trauma, e acabou se revoltando e se afastando da igreja.

Aos 11 anos, após ter morado em diferentes lugares, mudou-se com a família para Jaraguá (SP). Com 14 anos, teve seu primeiro emprego registrado como *office boy*. No ano seguinte, começou a beber e a fumar cigarros e maconha – felizmente, não por muito tempo. Depois de uma nova decepção, decidiu mudar de vida e se afastou das más companhias. Tornou-se DJ e, na parceria de dois amigos, formou uma equipe de baile chamada Black Star. Tinha também uma equipe de dança: o Grupo dos Avessos. Essa foi uma fase muito boa, na qual curtiu a vida e namorou bastante. Aos 22 anos, ele e os amigos venderam todo seu equipamento e pararam de tocar.

Nesse meio-tempo, foi pai aos 19 anos; porém, não conseguiu ter muito contato com o filho: só o viu quando ele tinha 3 e, depois, 9 anos, por decisão da mãe da criança. Quando começou a namorar novamente, ficou noivo. Entretanto, aos 24 anos, o noivado terminou. Desiludido, ele teve uma recaída e usou cocaína durante dois anos, sendo a primeira vez que usou drogas mais pesadas. Lembra-se dessa época como o fundo do poço, pois chegou a ficar na Cracolândia, em São Paulo.

Numa certa madrugada de sábado para domingo, estava beirando a linha do trem no Jaraguá (SP), com mais sete pessoas, quando, ali mesmo, teve um encontro com Deus. Estava usando drogas e, de repente, veio uma luz, uma cortina de fumaça atravessou seu corpo. E Deus falou com ele: "Saia daí, esse não é o seu lugar!". A voz se repetiu por três vezes: Deus Pai, Filho e Espírito Santo, para que ele não tivesse dúvidas.

Extasiado com a visão, apagou o isqueiro imediatamente. Ele sabia que o que tinha visto e ouvido era verdadeiro, embora os rapazes que estivessem com ele rissem e dissessem que ele estava alucinando. Então, levantou-se e falou: "Vou embora!", decidido a sair dali, mas um deles o segurou pelo braço: "Não vai, não! Você tem que nos dar o que está no seu bolso!". Então, ele virou seus bolsos ao contrário e mostrou que não havia nada neles, e disse: "Não vou mais usar essas drogas em minha vida!" Em seguida, outro rapaz lhe falou: "Vai na fé, eu sei o que você está falando!". Assim, ele foi embora como se flutuasse numa nuvem, levado por Deus para a casa da sua mãe. Não sabe até hoje se dormiu ou se sonhou, mas sentiu uma intensa presença do Espírito Santo. Ao acordar, descartou em uma lata de lixo todas as drogas que tinha, incendiando-as no quintal. Ergueu as mãos para o céu e fez uma oração: "Senhor, com minhas forças eu não consigo, mas entrego a minha vida em suas mãos. Seja feita a Sua vontade, em nome de Jesus. Amém". Depois disso, nem precisou de tratamento para largar o vício, pois fora realmente liberto.

Com 26 anos, recebeu uma nova oportunidade de recomeçar: seu pai o incentivou a voltar à igreja. Aos poucos, foi fazendo amizade com os jovens de lá e parando de falar palavrão e de usar gírias pesadas. Começou a comer alimentos mais naturais, passando por um processo de purificação de seu corpo. Em dois anos, estava limpo. Seu pulmão foi restaurado; não havia nele nenhuma sequela.

Aos 27 anos, começou a trabalhar em uma imobiliária. Havia ido até lá para fazer um trabalho com grafite, mas acabou contratado como corretor de imóveis. Na nova função, em um mês vendeu seu primeiro terreno, e usou o dinheiro para comprar seu primeiro carro: uma Brasília 1978. Também reabriu sua conta no banco. Sua vida, portanto, teve um novo recomeço. Posteriormente, saiu da imobiliária e, graças ao seu irmão, conseguiu um emprego em uma transportadora. Percebeu que as pessoas voltaram a confiar nele, pois viam que estava correndo atrás, querendo trabalhar. Começou, então, a juntar dinheiro e retomou seu negócio de estampar camisetas. Ele já fazia isso antes, mas havia perdido todo o material, pois o vendera para comprar drogas. Nesse ínterim, sua paixão – o grafite – foi ressurgindo em sua vida. Então, conseguiu montar sua equipe: a Grafite Boys, e, aos poucos, se reergueu. Tudo deslanchou.

Com 33 anos, teve descolamento de retina e glaucoma, o que o deixou cego. Ele já havia perdido a visão de um olho aos 16 anos, quando pedalava sua bicicleta e foi atropelado por um caminhão. (O acidente o deixara em coma por 21 dias; quando acordou, demorou uma semana para se lembrar de quem era.) Foram tempos difíceis, pois, com a cegueira, ficou sem chão. Por ser desenhista grafiteiro, não sabia o que fazer de sua vida, e teve uma depressão profunda.

Entretanto, uma nova esperança surgiu quando um amigo da igreja o apresentou a um rapaz que também era deficiente visual, e sugeriu que ele frequentasse a Escola Braile. Ele, assim, se inscreveu e começou a estudar. Uma noite, ajoelhou-se e conversou com Deus, pedindo com fervor ao Senhor Sua ajuda, para aprender a nova língua e poder voltar a ler a Bíblia. Logo, aprendeu o braile em apenas um mês – a maioria das pessoas demora, em média, de um ano e meio a dois anos.

Ao frequentar a escola de deficientes visuais, teve aulas de Terapia Ocupacional, onde passou a desenhar novamente. Começou a fazer pinturas abstratas e texturizadas, em alto-relevo. Expôs na Reatech, uma feira de inclusão, na qual vendeu muitos quadros – alguns até para fora do país.

Ele não tinha uma Bíblia em braile, então seu amigo lhe emprestou um exemplar do Livro de Mateus, que ficou na cabeceira da sua cama por três meses, acumulando poeira. Certa madrugada, foi acordado por um anjo, que lhe falou: "Você se lembra de quando se ajoelhou e disse a Deus que queria aprender braile, para voltar a ler a Bíblia? Ela está aí. E agora, o que você vai fazer?". Ele acordou impactado com as palavras do anjo e abriu o livro no capítulo 5, onde encontrou o Sermão da Montanha, as bem-aventuranças de Jesus. Refletiu sobre como os humildes e os de coração puro serão abençoados com o Reino do Céus. Ao continuar a leitura, deparou-se com a passagem que fala sobre o sal sem tempero, que é insípido e descartado. Essa passagem o fez refletir sobre como, sem Deus, nós somos vazios e sem propósito. Eis que continuou lendo e chegou à seguinte passagem, no versículo 18: *"Ai daquele que acrescentar ou retirar um til ou uma vírgula da minha palavra"*. Fechou, agradeceu a Deus por ter lhe dado aquela palavra e, dali em diante, decidiu não parar mais de ler.

Após três meses, escutou um louvor que descrevia exatamente tudo o que havia passado: um filho pródigo que nascera dentro do evangelho, mas que se afastara. Fora usuário de drogas, e, por fim, Deus o resgatara. Esse louvor o impactou e escutá-lo no rádio foi a confirmação de tudo: "No canto da sala, tão empoeirada, a Bíblia Sagrada. Busquei em teus lábios, para ouvir louvores, silêncio. Mais nada, mais nada. Um dia eu te vi de joelhos e pensei comigo: 'Vai me chamar de pai e me pedir abrigo'. Que nada. Me chama de pai outra vez que te carrego no colo. Seco tuas lágrimas, meu filho pródigo, volta pra casa [...] Te quero assim mesmo, num único abraço, perdoo e te trato. Ah, como eu te amo, e por você, meu filho, o que eu não faço [...]". Após ouvir esse louvor que tocou seu coração, descobriu que o cantor se chamava Tino, e comprou o seu CD. Aprendeu a cantar e, hoje, quando ministra palestras em clínicas para dependentes químicos, escolas e faculdades, compartilha seu testemunho e canta esse louvor para fortalecer a fé das pessoas – incluindo a sua própria.

Aos 37 anos, se casou e ficou 16 anos casado. Morou oito anos em São Paulo, e, depois, mudou-se para Catanduva (SP), a fim de acompanhar sua esposa à época, que queria morar perto da mãe dela. Primeiro, conheceu o instituto de Deficientes Visuais de Catanduva (IDVC). E, no projeto de Inclusão Social da cidade, aprendeu muito. Dentre outras atividades, realizou um sonho de infância: competir em uma prova de natação. Conseguiu participar de campeonatos, ganhando medalhas de bronze, prata e ouro, na piscina e na corrida. Porém, a pandemia chegou e o seu casamento, que já estava abalado, acabou.

Aos 53 anos, ele voltou a morar na casa dos pais, em São Paulo. Seu pai já era falecido, e sua mãe, que sofria de Alzheimer, faleceu um tempo depois, aos 83 anos. No Jaraguá, um dia foi ao banco com um amigo e acabou conhecendo, por acaso, Cláudio Tavares, que o indicou ao Instituto Luz aos Cegos, sendo seu fundador, ao lado de sua esposa, Luciana. Assim, aos 54 anos, mesmo aposentado, não ficou parado e aceitou o convite de Cláudio. Lá, concluiu os cursos de informática e massoterapia; agora, está estudando reflexologia. Seu próximo objetivo é fazer um curso de drenagem linfática. Além disso, estuda inglês e pretende se formar em Fisioterapia ou Psicologia. Ele é determinado a seguir em frente e a não desistir da vida.

A história emocionante que acabei de narrar para vocês, desse jovem que passou por tanta coisa, e mesmo assim não desistiu, é a minha história. Prazer, meu nome é Davi de Novais Batista. Eu sobrevivi para contar a minha trajetória e mostrar que Deus é a ressurreição e a vida. Aqueles que acreditam n'Ele, mesmo estando mortos, viverão. Gostaria de compartilhar um versículo que me marcou, do livro de II Crônica 7:14: "*Se o meu povo, que chama pelo meu nome, se humilhar e orar, e se converter dos seus maus caminhos, então eu ouvirei dos céus, perdoarei os seus pecados e sararei a sua terra*".

Agradeço a Deus por me dar a vida. Perdi a visão, mas continuo vivo e com saúde. Agradeço ao meu pai, Sr. Rivas, e à minha amada mãe, guerreiros que já partiram. Agradeço ao meu irmão, Messias, que se tornou meu herói após a partida do meu pai. Agradeço às minhas irmãs, Helen, Érica e Giselle; aos meus primos, tios, e a todos que colaboraram. Ao grupo da Igreja Adventista, ao Cristiano e ao grupo Corrente do Amor. À Luciana e a todos do Instituto Luz aos Cegos. À terapeuta Renata, ao David, à Damares e ao Rogério. Agradeço, também, aos meus amigos pessoais. Deixo um agradecimento especial a Maria, minha noiva – estou partindo para meu segundo casamento. Não posso citar todos os nomes, então agradeço a todos que fizeram, fazem e farão parte da minha vida.

Aos 26 anos, tive um encontro com Deus que me concedeu a visão espiritual. Nesse momento, me senti batizado pelo Espírito Santo. Já se passaram 28 anos desde essa libertação, e Deus me deu a oportunidade de escrever e compartilhar minha história. Mesmo perdendo a visão, não desisti. Apesar dos obstáculos, a vida possui seus prazeres. Sonhar é bom, mas realizar é ainda melhor. Se você tem um sonho, lute, vá em frente. Não desista, pois ele será realizado. Finalizo com as seguintes palavras: o cair é do homem, mas o levantar é de Deus. Nunca deixe que as coisas ruins e negativas do passado atinjam o seu presente, para que não venham a influenciar o seu futuro – futuro esse que pertence a Deus, com quem um dia nos encontraremos. Em nome de Jesus, amém!

> Nunca deixe que as coisas negativas do passado atinjam o seu presente, para que não venham a influenciar o seu futuro.
>
> Davi de Novais

Eliane Denarde

Sou Eliane Denarde de Souza Detmann. Antes de qualquer coisa, sou filha amada de Deus, casada com Marcelo Detmann, mãe de Kaik e de Natan Renne: três homens maravilhosos, bençãos de Deus na minha vida.

Sou formada na área da educação e do desenvolvimento humano.

elianedenarde

+55 (27) 99661-4727

Eliane Denarde

10 TRANSFORMADA PARA TRANSFORMAR

Por Eliane Denarde

A maioria das mulheres sonha em um dia ser mãe. E, quando se sonha em ter um bebê, a mulher imagina em seus braços uma criança perfeita, linda, com os traços do casal. Eu, porém, nunca sonhei em ter filhos, mas Deus, em sua infinita bondade, me presenteou com dois meninos lindos e muito abençoados. Na primeira gravidez, quase surtei, de verdade. Para uma pessoa com traumas de infância, que não se imaginava sendo mãe, de repente estar grávida não é fácil. Mas, quando Deus tem sua vida toda planejada nos mínimos detalhes, tudo dá certo, pois os planos d'Ele são perfeitos.

Quando comecei a sentir aquele serzinho em meu ventre, me apaixonei completamente e me transformei em outra pessoa. Deus sabia do que eu precisava. Tive uma gravidez um tanto conturbada, pois passava muito mal e precisei ficar internada, de repouso. Nasceu um bebê lindo! Com o passar dos dias, ele apresentou alguns problemas de saúde. Fomos tratando, cuidando, e ele foi crescendo. Sempre muito inteligente, amado e querido por toda a família, Kaik nasceu em 2003.

Em 2008, recebi de Deus outro filho. Novamente, tive uma gravidez planejada por Deus, e não por mim e meu marido. Durante parte dessa segunda gravidez, eu pressenti que havia algo de errado. Era apenas uma impressão, talvez. Acreditava que essa sensação pudesse ser causada pela sensibilidade, que é natural à própria gravidez; então, não liguei muito. Fazia as consultas do pré-natal regularmente. Tudo estava bem, e sentia apenas alguns enjoos e um mal-estar próprios da gravidez. Mas a surpresa ou a confirmação dos meus pressentimentos veio quando meu filho nasceu. Em uma conversa com o pediatra, ele me explicou que meu filho tinha nascido com uma deficiência física, e que eu deveria procurar a ajuda de um especialista em Ortopedia. Na hora, não me importei muito; afinal, meu filho era forte e lindo.

Sem saber, eu havia escolhido um nome bíblico para ele, mas só percebi isso dois ou três meses depois que ele nasceu, em uma conversa com um seminarista a pastor. Naquela época, eu não tinha muito conhecimento da Bíblia não frequentava tanto a igreja. Eu praticamente não lia a Bíblia e conhecia pouco a Palavra de Deus.

Ao sair do hospital, logo na semana seguinte, começamos a procurar ajuda para entender o que realmente estava acontecendo com o nosso filho, e quais eram as possibilidades, bem como os tratamentos disponíveis para ele. Foi aí que, realmente, caiu a minha ficha.

Uma das partes mais difíceis de enfrentar toda essa questão, no meu caso, foi a aceitação. Meu filho tinha nascido com uma deficiência física chamada pé torto congênito. Eu tinha um filho mais velho com uma condição física perfeita; por isso, aceitar que meu segundo filho tinha uma limitação física realmente não foi fácil.

Iniciamos o tratamento indicado pelo ortopedista especialista no primeiro mês de vida do Natan. A cada consulta, eu voltava para casa com o peso das palavras do médico. Com o tempo, fui sofrendo um desgaste físico, mental e corporal. Eu orava e pedia forças a Deus para que pudesse continuar. Durante o tratamento, descobri que naquele ano haviam nascido muitas crianças com o mesmo problema, e com graus diferentes de limitação. O meu filho tinha sido um caso raro, segundo o médico: o tratamento seria prolongado e os resultados poderiam vir com o tempo. Eles não me davam certeza de nada, o que me angustiava muito.

Meu filho mais velho sofreu muito com tudo isso também. Ele era apenas uma criança de 5 anos, e também precisava muito de atenção. Antes de o irmão nascer, todas as atenções da casa e dos familiares eram voltadas para ele. Então, diante dessa situação, Kaik se sentiu rejeitado, de certa forma.

Lembro-me de um dia em que eu me sentia esgotada e peguei a minha bíblia, que ficava em cima da mesinha de cabeceira, ao lado da minha cama. Abri na primeira página e escrevi: sei orar, sei confiar, sei esperar.". Todos os dias, eu orava e pedia a Deus para que o tratamento desse certo, de modo que meu filho pudesse andar perfeitamente e ter uma vida normal, como qualquer outra criança. Eu orava, chorava, agradecia, reclamava, cuidava... só não sabia que precisava, também, cuidar de mim mesma, enquanto cuidava de tudo e de todos à minha volta. Me desdobrava entre o trabalho de casa, o cuidado com os filhos e com o marido, e o trabalho fora de casa: o de professora.

Sentia muitas incertezas e angústias; sem perceber, fui me descuidando e comecei a ficar doente psicologicamente. Fisicamente, me sentia exausta, mas mesmo assim eu continuava. Deus me dava forças para prosseguir.

No início do tratamento, fiz um voto para Deus. Meu filho, que tinha a possibilidade de não andar, ou de andar com os pés tortos, virados de lado, começou a andar com 1 ano e 2 meses de idade. Nem eu podia acreditar no que eu estava vendo. Como eu chorei! E, dessa vez, foi de alegria! Foram 13 meses de fisioterapia, natação, gessos, massagens, uso de botas ortopédicas, de aparelho ortopédico, noites sem dormir, inúmeras viagens a tratamento e meu filho começou a andar com 1 ano 2 meses! O caso raro estava tendo resultados além do que se esperava. Os médicos estavam surpresos com o desenvolvimento e sucesso do tratamento.

Assim, cumpri o voto que tinha feito a Deus e segui com o tratamento do Natan. Agora, eu tinha mais esperanças e certeza de que tudo daria certo. Eu orava e agradecia, buscando forças em Deus para continuar.

Entretanto, com o passar do tempo, meus problemas psicológicos foram piorando: tinha medo, desenvolvi síndrome do pânico, ansiedade crônica e depressão. Comecei a tomar remédios, inclusive para dormir. Havia dias que tudo era insuportável. Eu, por fora, era uma rocha; porém, por dentro, estava destruída, sem forças. Eu trabalhava, estudava e cuidava da família, então ninguém nem sonhava que eu estava doente. Eu sorria, conversava com todos e não demonstrava ter nada de anormal. A única pessoa que sabia da minha condição era meu marido.

O tempo ia passando e eu não via melhoras no meu quadro. Pelo contrário; me sentia cada vez mais tensa, pressionada, nervosa, irritada e estressada com tudo e com todos. Em meio a tudo isso, eu continuava o processo de tratamento do meu filho. À medida que o tratamento ia avançando e obtendo bons resultados, os intervalos de idas ao médico e ao hospital aumentavam. Meu marido já conseguia me acompanhar na maior parte das vezes, até mesmo por conta do meu estado psicológico.

Os anos foram se passando, meu filho foi crescendo, e os tratamentos foram tendo resultados satisfatórios, e até além do esperado. Com o tempo e muitas orações, compreendi o motivo de ter ganhado aquele presente de Deus. Antes, eu só me perguntava por que meu filho tinha nascido com aquela condição. A começar pela gravidez, que não foi planejada por mim, mas por Deus. Depois, pelo nome que escolhi para ele. Eu achava Natan um nome bonito, mas não sabia que tinha dado ao meu filho um nome bíblico. Na época em que fiquei grávida, eu e meu marido passávamos a maior parte do tempo afastados, por conta do trabalho e da correria do dia a dia com um filho pequeno. Eu estudava, trabalhava e nós quase não nos víamos; tampouco frequentávamos a igreja como antes. Depois da chegada do Natan, nossa família ficou muito próxima, muito unida. A chegada dele foi uma benção de Deus em nossas vidas.

Houve um período em que eu passava a maior parte do tempo isolada em casa, no meu quarto. Não queria ver e nem falar com ninguém. Não me sentia bem. Para mim, sair era apenas ir de casa para o trabalho, do trabalho para a casa. Ou, então, eu ia à igreja. Tudo isso por efeito da depressão, dos medicamentos e do medo que tomava conta da minha vida. Era uma dor na alma, uma dor existencial inexplicável. Eu chorava constantemente e orava, pedindo auxílio a Deus. Meu marido sempre me apoiou e ajudou. Ele me entendia e sofria com a minha situação.

Os dias eram cansativos, sobrecarregados e desgastantes. Quantas vezes eu me perguntava: "Eu tenho tudo o que preciso, filhos, marido, família, um lar... por que eu estou assim? Por que nada parece estar bom?". Em um desses dias em que eu realmente não estava bem, em que me sentia desesperada, me ajoelhei no chão. Apoiada em minha cama, aos prantos, eu clamava a Deus por ajuda, pois eu não aguentava mais aquela situação. Poucos meses depois, Deus ouviu minhas preces e me atendeu. Ele enviou uma pessoa para me ajudar e eu comecei a enxergar uma luzinha lá no final do túnel. Passei a erguer a cabeça e a olhar para cima, porque o meu socorro estava no alto, mais uma vez. Eu orei com fé naquele dia, e Deus me ouviu.

A partir de então, entrei em um processo de autoconhecimento por meio do *coaching*. Me aproximei mais ainda de Deus com as leituras bíblicas e os louvores. Nas orações, comecei a conversar mais com Deus e, também, a agradecer mais. Confesso que não foi fácil; mexer nas feridas dói, mas também cura. O autoconhecimento provoca dores, e foi essa a porta que Deus abriu para a minha cura interior. Entrei num processo de transformação interna intensa. Tudo era novo e, ao mesmo tempo, confuso. Por vezes, quis desistir, mas Deus havia me enviado um anjo, que pegou na minha mão e me ajudou a caminhar. Passei por um processo difícil e fui eliminando as crenças negativas, me fortalecendo na Palavra de Deus.

Hoje, meu filho tem 14 anos. Ainda continuamos com o tratamento, que deve ser encerrado quando ele terminar sua fase de crescimento. Natan é lindo, forte e saudável. Ele estuda, joga bola, anda de bicicleta... enfim: faz tudo o que um adolescente saudável da sua idade faz. Ele muito me ensina todos os dias, e como nos exorta quando fala das coisas de Deus! Kaik, atualmente, compreende os fatos ocorridos, apesar dos males que ele também sofreu. Quando olho para trás, vejo que valeu a pena todo o sofrimento. Melhor seria se nada tivesse ocorrido, mas compreendo que, se não tivesse acontecido assim, hoje não seria quem eu sou. As dores moldam nosso caráter e nos tornam pessoas melhores.

Não sei em qual situação você se encontra agora e nem pelo que está passando. No entanto, por mais difícil que seja, não tenha medo. Erga a cabeça e olhe para o alto, pois é de lá que vem o seu socorro. Deus tem a cura. Ele pode e quer te curar, te ajudar e socorrer. Deixe Deus agir na sua vida, e você experimentará as boas-novas advindas do Senhor.

“Tem cura quem a Deus procura.”

Eliane Denarde

Ezequiel Danilo

Sou Ezequiel Danilo, tenho 40 anos e sou casado há 10 anos com Nédia Oliveira, com que escolhi viver os melhores dias da minha vida, junto com os nossos filhos Sofia, José Francisco e Maria Paula.

Formado em Logística, atuo na área de Compras em uma das empresas mais respeitadas no Brasil. Possuo também formação em *Coaching* com a qual tenho ajudado muitas pessoas no despertar de consciência, para que consigam, por si mesmas, enxergarem que podem ir além do que imaginam.

Sou coautor do livro *Mude seus hábitos, mude sua vida*. Essa realização me ajudou a colocar no papel conhecimentos adquiridos durante uma jornada transformadora.

Ao longo dos anos, através do autoconhecimento e do desenvolvimento pessoal, entendi que a minha história pode ser diferente e que o Criador tem um plano extraordinário na minha vida e para os meus.

ezequieldanillo

ezequiel.rdp@gmail.com

11

O AMOR É UMA ESCOLHA

Por Ezequiel Danilo

Não muito diferente de muitos, vim de um lar bastante simples. Meus pais sempre nos ensinaram o caminho da honestidade e do trabalho. Aprendemos com eles que é trabalhando que conquistamos nossos sonhos e objetivos. Assim como toda família passa por momentos de tempestades, na minha não foi diferente. Infelizmente, presenciei quando criança momentos que ficaram em minha memória, como brigas e adultério, e comecei a imaginar que o casamento feliz era para poucos. Não conseguia enxergar felicidade plena nas pessoas que eram casadas, e passei a não desejar me casar ou constituir uma família.

Contudo, muitas coisas aconteceram. Vivi um processo de autoconhecimento e intimidade com Deus, e comecei a enxergar que a minha vida poderia ser diferente. As histórias das pessoas que conhecia não iam determinar o meu futuro. Acreditei que poderia fazer diferente, e assim aconteceu. Conheci a minha esposa e com ela constituí a nossa família. Ela é uma mulher extraordinária, que me ajuda muito a ser uma pessoa melhor a cada dia. Com ela, me tornei um pai melhor para os nossos filhos, e consegui entender o ditado "filho de peixe, peixe é". Que frase frustrante para uma criança ouvir, quando sabe que aquele que devia ser o seu herói está mais para vilão. E entendi que posso ser diferente, muito melhor do que eu presenciei no passado.

Hoje, sei que, como esposo, tenho muitas coisas para mudar. As atitudes geram um peso no relacionamento. Sei também que, como pai, não tenho feito o que deve ser feito pelos meus filhos, falta muito ainda. Mas estou disposto a aprender e levar a minha família para uma realidade palpável e desejada.

Falar sobre casamento e família é um assunto que faz parte de mim. Amo o que me tornei e sei que posso ir mais longe. Acredito na força e na potencialidade do amor, ele é capaz de vencer qualquer obstáculo, pode derrubar muralhas se for preciso. Mas sobre uma coisa tenho minhas dúvidas e digo que não acredito em casamento perfeito, um casamento que não tenha nada de errado. Creio que, como seres humanos, somos feitos à imagem e semelhança do Criador, disso eu não tenho dúvidas: o Criador é perfeito, e as escrituras dizem que "tudo o que Ele criou era bom". Sendo assim, somente Deus é perfeito.

Cada um tem suas diferenças, seus desejos, e, muitas vezes, em um relacionamento, isso gera um peso muito grande – tanto para um quanto para o outro. O casamento perfeito pode até existir, mas até hoje eu não conheci nenhum. Creio que vai chegar o momento, dentro de um relacionamento, em que não vai existir mais reclamações, brigas e discussões, como no início. Com o tempo, vamos entendendo o jeito e o comportamento do nosso cônjuge; assim, as coisas vão acontecendo e fluindo naturalmente.

Quando ouvimos falar em sucesso, logo pensamos em grandes conquistas, em dinheiro, vultuosas viagens e bons negócios. Posso dizer que todos aqueles que vivem neste plano terrestre obtiveram sucesso pelo menos uma vez na vida. Todos têm algo a contar ou partilhar que pode ajudar as pessoas a não trilharem um certo caminho, pois será difícil o retorno.

Eu, Ezequiel, posso afirmar que em algumas áreas da minha vida obtive o sucesso desejado, principalmente na área do relacionamento. O que era a minha dor se tornou o meu sucesso. Tenho um casamento incrível, a família que pedi a Deus, e quero me tornar o pai que meus filhos desejam. Quando eu e minha esposa iniciamos nosso namoro, ela disse uma coisa muito importante: "O amor é uma escolha". Todo dia posso escolher amar, em todos os momentos, até mesmo nos mais difíceis, com um amor sem medidas. E é nessa hora que o amor se torna real e palpável. Amar e estar com o seu cônjuge nos períodos de bonança é fácil, o mais tenso é apoiá-lo nas dificuldades e desejar vencer junto ao outro. Na nossa casa, escolhemos amar e renovar essa escolha todos os dias. Essa é a melhor decisão: a de amar o seu cônjuge e ser um com ele, até o fim.

Alguns dias atrás, uma pessoa me procurou para uma sessão de *coaching*, e me falou que ia pedir o divórcio. A decisão já estava tomada, e eu estava prestes a presenciar mais um lar sendo desfeito. Eles estavam juntos havia mais de 10 anos, com toda uma construção de família, filhos e tudo o que envolve a vida a dois. E, durante o atendimento, a pessoa conseguiu ver o real motivo do desejo de rompimento. (Com a permissão dela, eu relato esse fato aqui). No caso dela, o motivo era o cansaço, o fato de ter que fazer todas as tarefas de casa, trabalhar e cuidar dos filhos com uma ajuda mínima de todos, e ainda ter que ouvir do cônjuge que faltava tempo para os dois.

Quantas pessoas passam por isso no casamento? Até mesmo você, que lê este capítulo agora, passou ou conhece alguém que passa por essa mesma situação, mas não se senta com seu cônjuge para conversar e resolver as coisas, alinhar o que está acontecendo por meio do diálogo. Bastam 5 minutos de conversa e vocês vão ter resultados incríveis. Tem coisas que são simples de resolver no relacionamento conjugal, com conversas, diálogo e escuta. O seu casamento pode estar por um fio e a solução está em suas mãos. Casamentos terminam pelo cansaço, pelo fardo pesado que carregam, pelas obrigações do dia a dia que não são divididas, pelas críticas, pelos assuntos não resolvidos. E é nessas horas que as más decisões são tomadas. Logo, é preciso, nesse momento, retomar o controle e não se deixar levar pela raiva.

Nesse atendimento mencionado, a pessoa conseguiu enxergar o que realmente fazia e que não estava dando certo. Ela conseguiu ter clareza na sua tomada de decisão, e não abriu mão de tudo, simplesmente. Ela saiu do atendimento com alguns planos de mudança e com uma estratégia de aplicação. Então, alinhou com seu cônjuge tudo o que estava acontecendo e os dois decidiram rever os passos e seguir um caminho juntos. O peso carregado por apenas uma pessoa foi divido entre os cinco membros da família. Desse modo, muita coisa mudou e está mudando para melhor; por meio de ajuda mútua e diária, eles começaram a se importar mais um com o outro. Tanto o casal quanto suas três filhas entenderam que estão no mesmo barco, fazendo uma travessia muito longa, e que todos precisam se ajudar para chegar no destino esperado.

Agora, digo a você que lê este capítulo – grato por ter chegado até aqui – para acreditar que as palavras deste livro podem te ajudar. Se em um relacionamento não houver conversa, como ele pode ser duradouro? Somos seres humanos e não somos perfeitos. No meu casamento, tanto eu quanto minha esposa sempre teremos algo para mudar, e os dois devem estar dispostos a escolher trilhar um caminho juntos todos os dias. Se não houver a escolha de mudar, de enxergar onde cada um está errando, infelizmente, o relacionamento estará fadado ao fracasso. Com um simples ajuste você pode fazer a diferença e salvar o seu casamento.

Os problemas e desafios em casa e na família sempre vão existir, eles são inevitáveis – uma hora ou outra algo para resolver vai aparecer. Às vezes será algo menos complexo ou uma questão que precisa de mais atenção; portanto, é de real importância envolver apenas o casal para encontrar a solução. No caminho, ambos vão entender que o verdadeiro inimigo não é o outro, e sim o problema que estão enfrentando. Não se deve ficar procurando o culpado e acusá-lo, pois isso não vai resolver o problema. Ao contrário, só aumentará o conflito e deixar os olhos dos dois vendados para o que realmente importa.

A sua família e o seu relacionamento têm que ser um lugar de festa e de perdão. É preciso comemorar quando se conquista algo desejado, e dar as mãos quando um precisar do outro. Quando o casal passa pela tempestade e se mantém unido, os danos são menores.

A família que tenho hoje é resultado da vontade de Deus com relação a mim – e consequência das minhas orações antes mesmo de saber quem seria a minha esposa. Tinha o grande desejo de encontrar uma pessoa que estivesse disposta a amar e caminhar no mesmo propósito e, juntos, construirmos uma família. Para isso, os alicerces deveriam ser edificados em Jesus; assim, partilhamos os mesmos sonhos, estendendo a mão um para o outro quando necessário. Caminhamos na mesma sintonia, renovando em cada um de nós, todos os dias, a escolha de amar e ser para o outro. Hoje me sinto realmente realizado com a grandeza que Deus fez em minha vida e faz em minha casa. Meu casamento é fruto da oração, tanto para mim quanto para a minha esposa, e nossos filhos são uma dádiva que Deus, na Sua magnitude, nos concedeu.

Como seres humanos, creio que não nascemos para viver sozinhos. Como indivíduos interdependentes, não podemos esquecer que não somos seres isolados. Nós dependemos uns dos outros, forma direta ou indireta. Estamos interconectados em uma relação de reciprocidade, e é assim que crescemos e evoluímos juntos, cada um à sua maneira. No casamento não é diferente. Desde a fundação do mundo fomos criados para nos relacionar, e somente nos relacionamentos somos completos.

Se essas palavras fizeram sentido para você, busque conversar e dialogar com o seu cônjuge, proteja o seu casamento, seja o guardião ou a guardiã da sua família. Não deixe acabar em instantes o que você levou décadas para construir. Que haja sempre a verdade, pois é ela que liberta e que te ajudará a chegar aonde deseja.

Construa um relacionamento saudável protegido de ameaças, buscando ser fiel ao seu propósito inicial, quando se uniu ao seu cônjuge. Por isso, deixe-se amar, ame sem medida e o quanto for necessário. O seu cônjuge precisa de cuidado e ninguém pode ser melhor que você para cuidar e prestar esse gesto de tamanha importância.

Quero lhe propor um desafio: baixe sua guarda quando o seu cônjuge o questionar ou lhe disser um monte de coisas. Deixe-o falar, apenas tenha uma escuta ativa. Convide-o para orar com você. Caso ele não aceite, faça isso pelos dois. Apresente ao Criador o que está em seu coração e qual é o seu desejo, creia que suas orações vão ser atendidas.

> Quando o casal escolhe amar, passa pela tempestade e se mantém unido, os danos vão ser menores.
>
> Ezequiel Danilo

Gabriela Maia

Meu nome é Gabriela Fernandes Maia, nascida em São Paulo e hoje mogiana enraizada. Sou graduada em Enfermagem pela Universidade de Mogi das Cruzes, especialista em UTI Neonatal e Pediátrica pela Universidade Nove de Julho e atuante no SUS há sete anos. Hoje, alinhada ao meu propósito, sou uma psicomotricista em formação pela CBI Miami.

Sou filha de Cilda, uma mulher forte e admirável, e Antônio, um homem batalhador e apaixonado pela vida. Sou casada com Erik, o grande amor da minha vida, além de amigo, parceiro e realizador de sonhos. Juntos, exercemos o nosso melhor papel: somos pais da Cecília, uma menina autista que veio para mudar nossa maneira de enxergar o mundo. Cecê é o nosso sol que nunca se põe. Hoje, tenho a certeza de que a maternidade atípica é meu grande propósito neste mundo.

gabifernandesmaia

carolalvesfotografa

+55 (11) 94194-0416

12 O diagnóstico que transformou a nossa maneira de enxergar a vida

Por Gabriela Maia

A vida estava seguindo perfeitamente como o planejado. Eu e Erik nos formamos em 2015, conseguimos trabalhos estáveis, compramos o nosso apartamento, nos casamos, viajamos, trocamos o carro, concluímos as nossas especializações e, definitivamente, dentro da maratona do capitalismo, estávamos prontos para dar início à nossa família.

Em 27 de Dezembro de 2019, às 21h16 de uma noite linda de verão, nascia Cecília Fernandes Maia, nossa deusa. Ela era realmente a cereja do bolo, e logo veio aquele pensamento maternal clichê: "Meu Deus, como vivi até aqui sem essa garotinha?". Ali, mal podíamos imaginar que estávamos embarcando em uma viagem sem roteiro, sem prazos ou certezas; que as máscaras de oxigênio não iriam cair nas longas turbulências e que teríamos que apertar os cintos. Logo nós, que planejávamos meticulosamente tudo.

Cecília foi uma bebê saudável, risonha, muito tranquila e dorminhoca. Os meses foram se passando e os marcos do desenvolvimento começaram a não ser alcançados. Até então, existia aquela fala bem recente e que ainda ecoa por aí, de que "ela era uma bebê de pandemia". Mas eu não me contentava com essa fala, algo não estava batendo, a conta não fechava. Não eram só atrasos motores, como sustentar a cabeça, sentar-se e andar; estávamos falando de uma bebê de 1 ano e meio que não apontava, não dava tchauzinho, não balbuciava o que era esperado, e nem sequer atendia pelo seu nome. Ela não se incomodava com a fralda suja, não chorava, era resistente à dor, chacoalhava as mãozinhas bem pertinho dos olhos, estava começando a enfileirar os brinquedos e não encontrava o nosso olhar.

Um belo dia, liguei a televisão com ela no meu colo e pesquisei um vídeo sobre sinais de autismo em bebês. Me lembro desse dia em detalhes, foi desesperador, cada sinal citado no vídeo se assemelhava aos comportamentos que Cecília tinha e também aos que deixava de ter. As lágrimas molharam aquele macacão branco de corações azuis que ela usava e o pânico tomou conta de mim. Não compartilhei essa angústia com ninguém e comecei a pesquisar alguns artigos, mas não suportava ler mais que dois parágrafos.

Alguns dias depois, consegui conversar com o Erik sobre o assunto e foi definitivamente outro dia terrível: desabamos os dois, nos abraçamos na sala enquanto olhávamos para ela sentadinha no quarto, vendo um desenho e balançando um mordedor na altura dos olhos, esperando até que ele parasse – estava lá mais um sinal clássico do autismo.

O diagnóstico se arrasta, ele corrói, ele dilacera, é traiçoeiro, te confunde, faz você ter alucinações, pensar que o bater de palmas que deveria ter acontecido há mais de 6 meses é um sinal de que as coisas vão começar a acontecer. Mas, lá no fundo, surge aquela voz da consciência que diz: "Não se engane, sua filha tinha que estar falando um número "x" de palavras, apontando, olhando quando chamada e blá blá blá. E então um aperto no peito, um choro, um desespero, uma fuga, uma escuridão, uma mãe que se recolhe para um abismo que ela nem sabia que existia dentro dela. Eu já sabia o nome que ele tinha, eu sabia que alguém ia me dizer isso um dia, mas eu não queria ouvir nada. Não estava pronta, ninguém me entregou um manual de instruções. E agora? Mãe? Deus? Vó? Alguém? Por favor?

Eu coloquei a roupa mais larga que existia no meu armário, porque tudo já me apertava demais, e fui àquela consulta. Seria a devolutiva de uma longa avaliação, Cecilia já tinha 2 anos e 2 meses. Nunca mais usei essa camiseta. Será que um dia vou usá-la? Talvez não – ela pertencia à outra Gabriela, que eu nem conheço mais. Saí daquela sala e, ao chegar no meio-fio, eles estavam lá me esperando. Entrei no carro e, quando encontrei os olhos do Erik, veio o choro mais primitivo que um dia podíamos ter. Eu fecho os olhos e posso sentir o cheiro daquele dia.

Foram quilômetros em silêncio, um almoço sem sabor, uma reunião no trabalho, um dia que não terminava, demandas sem fim, um mundo de outra cor, a vontade de ficar calada em um lugar escuro por dias... Mas a vida não nos dá tempo para esse deleite, e o capitalismo, então, nem se fale. A sociedade diz que é uma fase, que você não pode sofrer o luto – afinal, que luto? Sua filha está viva e saudável. Não reclame, tem gente pior que você... E hoje sei que existe um mar de choro engolido de famílias atípicas que vagam por esse mundo.

Com o passar dos dias, ter concluído aquele diagnóstico me trouxe alívio. Finalmente eu conseguiria explicar para o mundo porque a Cecília agia daquela maneira, porque certas texturas, certos ambientes e barulhos a incomodavam e porque todo o resto já não era mais a minha prioridade. Quando compartilhei sobre o diagnóstico com as pessoas, comecei a perceber que pouco se sabe sobre o autismo. Ainda existe aquela ideia de que autistas se balançam, não olham nos olhos e não gostam de abraços. Cheguei a ouvir para eu parar de contar que minha filha era autista, porque um dia ela iria se "curar" e as pessoas já a teriam rotulado. Mas autismo não tem cura, ela vai ser para sempre autista.

Sabe o que mais me doía em tudo isso? Pensar no quanto a sociedade está despreparada para a causa autista e imaginar a quantidade de obstáculos que iríamos enfrentar na nossa jornada, por falta de conhecimento e empatia. E foi a partir daí que descobri o meu grande propósito neste mundo: falar sobre o autismo por onde eu for e tiver a oportunidade. E muito além disso: possibilitar que a Cecília ocupe qualquer espaço, fazer com que todos os autistas caibam em uma festa, em um shopping, em uma padaria, em uma feira, no mercado, no parque, nas escolas e onde mais eles quiserem estar. E só vamos conseguir isso deixando nossas crianças livres, forçando a sociedade a abaixar o volume da música, pedindo para a moça da padaria não jogar os talheres com força, exigindo a priorização nos estabelecimentos, explicando para aquela tia sem informação que diagnóstico não é sentença e exigindo que a inclusão aconteça de fato no ambiente escolar, dentre muitas outras coisas que dificultam a vida das famílias atípicas e das pessoas neurodivergentes.

Resolvemos fazer do limão uma bela e refrescante limonada durante aquelas aproximadas 15 horas por semana de sofá de espera. Enquanto Cecília fazia suas terapias, arregaçamos as mangas e começamos, eu e Erik, a ler livros sobre o autismo, autobiografias de famílias atípicas, fizemos um curso de orientação parental, um curso de brincar simbólico, me matriculei em um curso avançado em ABA (análise do comportamento aplicada).

Descobri que o reconhecimento de si é uma grande dificuldade do autista, e que, quando ele começa a compreender e enxergar o lugar que o seu corpo ocupa no espaço, muitas coisas começam a fluir, inclusive a fala. Então, resolvi iniciar uma especialização de dois anos em Psicomotricidade, para mergulhar nesse processo e conseguir proporcionar ainda mais benefícios para o desenvolvimento da Cecília.

Aonde queremos chegar? Cecília é autista não verbal, e quanto mais eu compreender sobre como ela se sente nas inimagináveis situações, mais perto dela eu consigo estar. A conexão na maternidade atípica é uma das coisas mais dolorosas que podem existir. Eu precisei aprender a ouvir com o coração, precisei aprender que aquele chacoalhar de mãozinhas era uma alegria sem fim, que aquele olhar em fração de segundos era o "eu te amo" mais sincero que existe neste mundo, que aquelas mãozinhas pressionando os ouvidos eram medo e um pedido de proteção. Mas a maior dor de todas as aprendizagens foi tentar encontrar aconchego e beleza no silêncio.

Muitas pessoas me perguntam sobre a fala, querem saber se ela um dia irá falar, quais são as minhas expectativas... Não sabemos quando isso vai acontecer, se vai acontecer e não temos um contrato assinado, com reconhecimento de firma, contendo uma cláusula e parágrafo único: e se a minha filha não falar? Trata-se de uma pauta delicada, complexa e, talvez, a mais dolorosa em toda a jornada. Afinal, quem não espera pelo "mamãe", "mamã", "mã", "m"? Por aqui, já são longos 3 anos e 8 meses de "silêncio", e hoje posso afirmar que a fala não me gera mais angústias, dores, ansiedades ou expectativas.

Meu barco tinha um furo, a água estava entrando e eu não podia ficar com um balde tentando esvaziá-lo. Foi aí que eu comecei a jogar na água todos os pesos, as cordas, a âncora... Ele estava leve, mas ainda assim a água entrava. "Aaaaaaaah!" Então, eu tive um minuto de lucidez e lembrei que eu podia, simplesmente, nadar! Quando pulei daquele barco eu me senti livre. Nesse dia, dando braçadas, eu escutei um sopro me dizendo que a conexão e a comunicação valiam mais que mil palavras. Eu assinei aquele contrato que não me dava nenhuma garantia, autentiquei o contrato, rubriquei todas as suas folhas e, hoje, tenho um acordo comigo mesma. Parágrafo único: sem expectativas com a fala, sem prazos, sem achismos, sem pressão. Nada de depositar as minhas expetativas na vida de outra pessoa.

Por que a fala é tão importante? Se ela falasse, seria menos trabalhosa a comunicação? Ela seria mais facilmente compreendida pelos demais? Será que as pessoas sabem a imensidão da comunicação? Talvez não, porque ouvimos nossos áudios no "2x". Nem passa pelas nossas cabeças qualquer outra possibilidade que nos leve a dar mais tempo para compreendermos alguém. Vivemos em um mundo em que nadar dá trabalho; as pessoas não têm tempo a perder com isso, e a grande maioria tem uma lancha com bote salva-vidas. Quem precisa, de fato, saber nadar somos nós. E nem venha me oferecer colete, porque hoje eu mergulho em um mar em que os olhos falam e o coração ouve.

Hoje, eu tenho um sol que nunca se põe. Aprendi que planejar tudo é chato demais, e que as surpresas da vida fazem a gente se reinventar. Cecília chegou para nos mostrar que muitas vezes precisamos recalcular a rota e que o caminho novo pode ser muito mais florido.

Acho que a grande mensagem para este momento é: seja sensível, você jamais vai conseguir ser sensível como um autista, mas tente! Inclusão vai muito além da história de ter um primo autista, um filho de um amigo. O "x" pode estar nas suas costas, e o próximo autista talvez ainda não tenha nascido. Precisamos pensar fora da caixa, olhar por trás do muro e lutar contra o capacitismo todos os dias. Se tiver coragem, pule do barco também!

Não existe caminho escuro ou solitário para quem tem um sol que nunca se põe.

Gabriela Maia

Ineide Costa

Sou Ineide Costa, cristã apaixonada por Jesus, natural de Montes Altos (MA), e resido há 30 anos em Teresina (PI), com minhas filhas Marialice e Clara Vitória. Sou *master coach*, analista comportamental, palestrante, treinadora de performance e escritora. Sou, ainda, coautora do livro *Tempo de ação*. Amo empreender, e fiquei conhecida quando iniciei meu primeiro negócio com apenas sete reais. Trabalhei com eventos por mais de 10 anos, até que, um dia, decidi lutar pelo meu grande sonho: ser palestrante. Para chegar até aqui, superei muitos desafios.

Depois de reconhecer quem eu sou em Deus, entendi que é possível realizar tudo aquilo que arde no nosso coração. Minha missão no mundo é contribuir para que as pessoas sejam protagonistas das suas histórias.

costaineidemastercoach
+55 (86) 98824-6203
ineidepereira
Ineide.35@gmail.com

13

DOS BASTIDORES PARA O PALCO

Por Ineide Costa

Naquela manhã, o palestrante de fala firme, numa plateia de três mil pessoas, olhou nos meus olhos e perguntou: "O que será da sua vida daqui a um ano, se você continuar tendo tanta mágoa, dor e tanto peso dentro de você? Quais vão ser as consequências para você e sua família a curto e a longo prazo?". Essas perguntas ecoaram em meus ouvidos e me levaram a uma reflexão: "Será que dá tempo de escrever uma nova história?".

Chorando e sem chão, passou um filme na minha cabeça: a infância cheia de limitações, a garota que fugiu de casa aos 11 anos para "ser alguém na vida", as humilhações que aguentei como babá, trabalhando na casa dos outros, os abusos sexuais, morais e sociais que sofri, os desafios nos dois casamentos que não deram certo, as lutas para criar e educar as minhas duas filhas. A sensação foi de desespero. Pensativa, respirei fundo; ao término daqueles três dias de imersão, decidi acreditar no que Ele disse e está escrito em João 10:10b "*Eu vim para que tenham vida, e vida em abundância*". Tomei posse dessas palavras e saí dali convicta de que minha vida seria transformada.

Até 2016, eu tinha uma vida comum. Vivia para pagar as contas, sem muitas perspectivas, ambição ou sonhos. Trabalhava muito e não via os resultados de tanto esforço. Ter "minha casinha, meu carrinho" e saúde já era o bastante. Com a mente muito limitada, meu maior desafio era a falta de gestão emocional. Eu carregava uma bagagem pesada de lembranças ruins que me fazia enxergar o mundo com lentes sujas. Havia muitas frustrações, muita revolta, e viver assim me fez caminhar perdida e sem rumo por longos anos. Eu tinha a minha própria empresa, alugava equipamentos para festas e eventos corporativos, mas sem propósito. Trabalhava de forma intuitiva, apenas para o sustento da família. As minhas feridas emocionais e crenças limitantes me fizeram ter os mesmos resultados por mais de 10 anos. E, sem senso de autorresponsabilidade, eu transferia para os outros minhas frustrações e meus fracassos. Para mim, todos estavam errados, menos eu!

Em pouco tempo, minha vida estava um caos. Tinha que lidar com meu sobrepeso (pesava quase 90 quilos), o fim do noivado, problemas de saúde físicos e emocionais e vícios alcoólicos. Além disso, meu dinheiro só dava para pagar as contas, e minha relação com minhas filhas era bem difícil. Eu queria tudo do meu jeito, parecia um general dando ordens o tempo todo. Sobrevivíamos, assim, aos trancos e barrancos. Vivia estressada, impaciente e nervosa. Não dormia direito e vivia com os nervos à flor da pele, sem qualidade de vida. Foi então que passei a enxergar no álcool uma forma de relaxamento e descanso. Logo, comecei a negligenciar as responsabilidades da casa e da empresa; com isso, cheguei ao fundo do poço. Meu lar não tinha paz, era um verdadeiro inferno. Eu achava que viver assim era normal, mas só consegui entender que precisava de ajuda quando me vi no leito de um hospital.

Não espere passar pela dor para viver sua melhor versão

Depois do susto de quase ter infartado, vi que seria necessário cuidar da saúde física e mudar meus hábitos, além de precisar com urgência curar a minha alma, as minhas emoções. Era interno o foco do incêndio. Até então, eu não sabia o que era *coaching*, mas foi por esse método que iniciei minha cura interior. A consciência para mudar os resultados ruins é o primeiro passo, mas consciência somente não muda nada, e sim, a atitude. Eu só tive essa percepção ao passar pela dor, mas não precisa ser assim.

Com este capítulo, pretendo lhe dar a oportunidade de refletir sobre como tem sido o seu estilo de vida. Se você está, de fato, vivendo a vida que Deus te chamou para viver ou se está apenas sobrevivendo. Não se trata de mudar por mudar, é importante nutrir as motivações certas para ter a atitude certa, pois somos seres humanos e fazemos parte de um sistema muito maior, em que tudo influencia tudo. A nossa vida é sistêmica, e uma escolha pode mudar toda a nossa história; por isso, as decisões devem ser muito bem pensadas, planejadas e alicerçadas em nossos valores, pois sempre haverá consequências.

Às vezes, só buscamos ajuda quando a situação já está insustentável. Foi o que aconteceu comigo. Eu ignorei e negligenciei todos os sinais. Vivia conduzida pelas emoções e agia de forma intuitiva e sem planejamento, o que gerou muitos prejuízos e fraturas em várias áreas da minha vida. Porém, consegui acordar a tempo e mudar. Dei a volta por cima e escrevi uma nova história, e isso foi possível quando saí do papel de vítima e me posicionei com autorresponsabilidade, como uma vencedora. Assim, vi que mereço viver todas as bençãos que já haviam sido preparadas para mim.

Quero encorajá-lo a lutar pelos seus sonhos, ainda que eles estejam engavetados ou distantes da sua realidade. Talvez você esteja sem perspectivas, com pouca esperança e uma vida paralisada. Eu já estive nesse lugar, e afirmo que é possível dar a volta por cima e ressignificar a nossa história. Quando venci o meu maior medo, o de falar em público, tudo foi transformado: realizei o meu sonho de me tornar uma palestrante de performance humana. Logo, fui meu próprio laboratório. Em 24 meses, tive um encontro com uma nova mulher, pesando 20 quilos a menos. Venci minhas fraquezas emocionais e conquistei muitos sonhos. Alcancei riquezas como a paz no meu lar, o amor e a admiração da minha família, além de ter a autoestima restaurada, a comunhão com Deus e uma vida com propósito. Tudo isso foi consequência de uma mudança interior.

Fiz uma transição de carreira de forma planejada e estratégica. Em 2018, fechei o ciclo da minha empresa. No ano seguinte, depois de concluir minha formação, iniciei minha jornada como palestrante e *master coach*. Não foi fácil, mas dei um passo por vez. Quando achei que ia começar a "surfar", veio a pandemia. Então, tive outro grande desafio, depois de ficar seis meses parada, como milhares de pessoas, precisei me reinventar. Precisei aprender a me posicionar e a usar as plataformas digitais. Fui resiliente, uma qualidade desenvolvida a partir da inteligência emocional. Hoje, sei o que me move, encontrei meu lugar no mundo. Sou uma mulher feliz, realizada e sonhadora.

Inspirar. Para realizar sonhos, é necessário ter os alicerces bem firmes, como:

Conhecimento: trata-se de uma das bases de sustentação na realização de um projeto de vida. Temos que nos capacitar e aprender todos os dias. Não entre em um negócio só porque deu certo para outra pessoa. Saber quais são suas habilidades, entender o seu mercado e conhecer seu cliente, dentre outros elementos, é fundamental. O conhecimento não ocupa espaço: ele expande horizontes e dá acesso de forma segura ao próximo nível.

Autoconhecimento: entender o que nos move é um exercício diário, independentemente do seu ramo de atuação. É fundamental saber qual é sua missão, seu propósito, ter clareza sobre o que te faz feliz e o que te dá ânimo para levantar todos os dias. É importante, também, compreender quais são os seus valores, os quais norteiam a nossa tomada de decisão. Tudo isso aumenta as suas chances de percorrer um caminho de mais sucesso, em segurança. Conheça a si mesmo, pois a jornada de cada um é única. Deus nos chamou para vivermos um propósito, que é individual.

Gestão emocional: é necessário aprender a gerenciar a nossa saúde emocional, pois nem sempre as coisas saem como gostaríamos. Surgem medo, insegurança, ansiedade etc. Se não soubermos lidar com isso, o risco de não termos êxito é muito grande. Portanto, desenvolva a sua inteligência emocional para usar as emoções certas, na intensidade certa e nos momentos certos. Tenha atitudes diárias positivas, como cultivar o hábito de boas leituras e meditação. Busque estímulos que contribuirão positivamente para a sua vida, e não queira controlar aquilo que não está sob seu controle.

Metas e objetivos com visão de futuro: saber aonde quer chegar daqui a um, cinco ou dez anos clareia o seu caminho e evita que você tenha que pegar atalhos. Ter em mão o mapa que o levará ao destino final fará a diferença. Trace metas que sejam tangíveis e específicas, com riqueza de detalhes. Escreva, também, todas as ações necessárias a cada etapa (plano de ação).

Por fim: *"não se amoldem ao padrão deste mundo, mas transformem-se pela renovação da sua mente, para que sejam capazes de experimentar e comprovar a boa, agradável e perfeita vontade de Deus."* (Romanos 12:02). Deus te fez para obras grandiosas. Não se contente com migalhas, pois tem banquete te esperando. Não se diminua para caber no mundo dos outros, mas descubra o seu lugar no mundo. Transforme a sua mente e honre a Deus por meio da sua vida e história.

Dedicatória

Dedico este capítulo ao meu Criador, digno de toda honra e glória. Ele tirou as escamas dos meus olhos, me deu um novo olhar e, com seu amor puro e genuíno, eu pude ver quem eu sou e de quem sou filha. Te amo meu Pai, obrigada por me amar primeiro.

Às minhas filhas Marialice e Clara Vitória, que são minha fonte de inspiração. Amo vocês. Aos meus pais Minervino Pereira e Gesonita Soares (*in memoriam*), pelo que me ensinaram. Mesmo com suas limitações, eles me educaram com o que tinham de melhor a oferecer. Amor eterno.

Sinopse: esta é a história improvável de uma mulher que fugiu de casa aos 11 anos, com três mudas de roupa, escondida num caminhão e com o sonho de ser alguém na vida. Filha de pais não alfabetizados, sempre estudou em escola pública e trabalhou como babá e empregada doméstica. Na infância, sofreu abusos físicos, morais, sexuais e sociais; já adulta, decidiu empreender, estando à frente de vários negócios. Teve dois casamentos destruídos por inabilidades emocionais e sofreu com o alcoolismo e com o sobrepeso. Mas, depois de muitos altos e baixos, deu a volta por cima e decidiu pagar o preço pela realização do seu grande sonho: ser uma palestrante. Hoje, é protagonista da sua história. Com muita determinação, fé em Deus e coragem, ela saiu **dos bastidores para o palco**.

"Só ter consciência não muda nada: o que muda é a atitude."

Ineide Costa

Jandimara Gianotti

Sou Jandimara Gianotti, nasci em Sorocaba (SP), sou mãe da Isabelle, apaixonada pelos ministérios do corpo, da mente e da alma. Graduei-me em Educação Física, Teologia e estudo Psicanálise.

Sou pastora, empreendedora, escritora, mentora, palestrante e fundadora da conferência "Mulheres que Brilham". Na minha primeira experiência com o resultado de um trabalho de entrega e autoconhecimento, percebi que poderia ser uma ponte na vida das pessoas, pois sou uma mulher que decidiu triunfar acima das estações.

Se hoje sou capaz de entender, apoiar e trazer à tona o potencial de autossuperação em outras pessoas, é porque um dia eu também precisei trabalhar minhas forças e crenças para descobrir minha verdadeira identidade.

jandimaragianotti_

+55 (15) 99603-1451

gianottijandimara@gmail.com

14 A TRANSFORMAÇÃO

Por Jandimara Gianotti

Caríssimo leitor, em uma madrugada de agosto de 2023, começo minha reflexão deste capítulo com a passagem que se encontra em Provérbios 23:7: "*Assim como o homem pensa em seu coração, ele é*". Esta passagem bíblica fala muito ao meu coração e foi por meio dela que comecei a viver uma transformação em minha vida. Entendi que através de uma vida transformada eu poderia alcançar voos muito maiores; então, acordei para uma nova vida, vivi a metamorfose.

O que não te desafia não te transforma

Tudo se inicia na mente; ao transformá-la, você pode trazer à existência algo que tanto deseja, pois Lamentações 3:21 diz: "*Quero trazer à memória o que me pode dar esperança*".

Quando nascemos, somos como uma página em branco, e quem nos define e nos dá a direção são os responsáveis por nos educar e cuidar de nós. Então, por meio dessas pessoas, entendemos quem somos, o que devemos fazer, em que somos bons e o quanto somos relevantes. Cresci na cidade de Boituva, no interior de São Paulo, sendo criada pelos meus avós maternos: Francisco Gianotti e Iracema Gianotti (*in memoriam*). Eles me deram um amor incondicional; tenho grandes recordações que levarei até a eternidade. Minha eterna gratidão pelo amor e pelos ensinamentos que recebi deles. Com meus avós, aprendi a verdadeira forma de amar e ser amada. Ela me deixou, em suas últimas palavras, o versículo que ficará para sempre guardado em meu coração: "*Ainda antes que houvesse dia, eu sou; e ninguém há que possa fazer escapar das minhas mãos; operando eu, quem impedirá?*" (Isaías 43:13).

A infância

Fui uma criança feliz, confesso que recebi muito amor, mas também carreguei dentro de mim rejeições, traumas e perdas. Foram grandes aprendizados, bem como grandes desafios em minha trajetória. Passei por momentos em que cheguei a pensar que seria o fim; hoje, entendo que era um novo começo.

"Nem sempre é Deus nos colocando à prova, e sim, Elenos preparando para subir de nível." (Isaías 43:18). *"Não vos lembreis das coisas passadas, nem considereis as antigas. Eis que faço uma coisa nova."*

Família

Em cada página da minha história, Deus sempre esteve comigo, me concedendo dias de importantes conquistas. Minha herança, princesa Isabelle, você é o presente que Deus me deu, filha. Te amo para sempre. Minha mãe Rita, muito obrigada por se permitir engravidar. Devido à sua aceitação, estou aqui como escritora de mais um livro. Amo muito você. Minha irmã Paloma, quando eu tinha dez anos pedi uma irmã, e Deus me deu você. Linda, te amo. Sobrinho Ryan, quando você chegou tudo mudou, você tem um lindo coração. Amo você. Toda minha família Gianotti: amo vocês.

Deus vê, Deus ouve e, se for preciso, ele desce. (Êxodo 3:7,8.)

No ano de 2018, enfrentei uma das mais importantes experiências da minha vida. Foi como se um tsunami passasse e levasse tudo; ou um castelo que construí e agora, da noite para o dia, ele estivesse ao chão, houvesse desmoronado. Me lembrei da passagem de Jó na Bíblia, e diante daquele cenário eu tinha duas opções: me entregar às lágrimas (choro) e às dores na alma ou me levantar em meio àquela destruição. Então, decidi me levantar! Eu tinha a certeza de que o principal estava comigo: meu Pai (Deus). Sua palavra diz: "*Sei que podes fazer todas as coisas, nenhum dos teus planos pode ser frustrado*". (Jó 42:2.)

Sempre fui forte, corajosa e perseverante. Deus me fez assim para Ele. O fraco é forte, quem chora é feliz, quem perde é quem ganha, quem serve é maior do que quem é servido. Então, amado leitor: "As *provações e os desafios que você tem vivido aqui nesta terra não se comparam à glória que está para ser revelada a você.*" (Romanos 8:18.)

Confie no Senhor, e Ele moverá céu e terra para cumprir Seu propósito

Quando as coisas acontecem do seu jeito, confiar no Senhor é fácil. Contudo, quando provações dolorosas sobrevêm, deixando-o frustrado, ansioso ou desesperado, você também confia Nele?

Diante da adversidade, muitos se perguntam: "Será que Deus realmente me ama?". Isso ocorre até eles concluírem que o nosso Pai realmente se importa, e nunca deixaria que a tristeza e a dificuldade dominassem a vida de seus filhos. Todavia, frequentemente eles começam a questionar se o Todo-Poderoso está mesmo disposto a agir em seu favor, em meio às circunstâncias. "*Mas o Senhor declarou ao seu povo: e invoca-me no dia da angústia; eu te livrarei, e tu me glorificarás.*" (Salmos 50.15).

Mesmo quando não conseguimos compreender por que Deus permite que certas situações ocorram, há três princípios que fundamentam nossa confiança plena n'Ele,, não importando o que aconteça. São eles:

1. Deus é perfeito em seu amor.
2. Deus é infinito em sabedoria.
3. Deus é totalmente soberano.

"*Melhor é o fim das coisas do que o início delas.*" (Eclesiastes 7:8).

Quero afirmar a você: guarde no íntimo do seu coração que depois da humilhação vem a exaltação – o que você não pode é desistir. Persista, seja otimista, se Deus falou que você vai vencer, você vai vencer! Você já é um (a) vencedor (a). Confie em Deus, acredite em você, e todos esses desafios e obstáculos serão, um a um, superados. Para todos os obstáculos que você não conseguir superar com suas forças, clame e confie em Deus, e Ele colocará anjos ao seu favor para lhe dar a vitória!

Eu não sei qual é a situação difícil que você tem enfrentado. Talvez, neste momento, você esteja sendo consumido pelo medo, tomado por uma angústia que parece não ter fim, sem ver luz no fim do túnel! Tenha esperança; porém, a palavra de Deus nos ensina que devemos olhar firmemente para o autor e consumador de nossa fé, resistindo no dia mau com o foco no Salvador, e não em nós mesmos.

Não paramos em momento algum, estamos em constante crescimento. Mas a pergunta é: aonde você deseja chegar? Deixamos tudo de lado em busca do crescimento em todas as áreas de nossa vida, mas esquecemos o principal: quando temos uma mente transformada em Cristo, Ele realiza em nós muito mais do que aquilo que eu e você podemos pedir, pensar ou imaginar (Efésios 3:20). A tua história será de testemunho para uma geração desacreditada; você será exemplo para muitos; você será inspiração para essa geração.

O melhor de Deus está por vir; para isso, é necessário crer: "*e conhecereis a verdade e a verdade vos libertará*" (João 8:32). Muitas vezes, não vemos o agir de Deus porque não cremos que Ele tem o poder para libertar e transformar. Viva o processo e Ele te levará a viver uma mente transformada, e esta te levará a lugares onde você jamais imaginou chegar, invista nela. "Pensar é o trabalho mais difícil que existe. Talvez, por isso, tão poucos se dediquem a ele" (Henry Ford). Sua mente só será transformada no dia que você decidir acordar para uma nova vida.

Transformação

De 2018 a 2021 passei pelo processo da transformação lagarta/casulo. Doeu, mas foi assim que vivi a maior viagem de todas: o encontro comigo mesma. Esse processo foi necessário para gerar um confronto de autoconhecimento e para eu abrir minhas asas e voar. Nesse período, tive a confirmação da verdadeira essência de duas pessoas muito importantes e especiais para mim: Edna e Zeni. As levarei para sempre comigo por onde eu for, na mente e também no coração. Vocês nunca me abandonaram, ficaram comigo no momento que eu mais precisei, jamais me esquecerei dos seus gestos. Deus as abençoe grandemente. Minha gratidão.

Quando entendi que a essência instalada em mim era mais importante do que tudo aquilo ao meu redor, e que o que me foi imposto pela vida não era o que verdadeiramente eu nasci para ser, descobri que possuía uma identidade única.

Tempo de voar

A superação do impossível torna-se possível pela cura de sua verdadeira identidade. O sucesso nasce de algo que foi gerado – eu e você somos a evidência de uma gestação bem-sucedida. Para nascer, andar e falar é necessário um tempo. Lembre-se de que o processo gera amadurecimento e projeta você para o seu propósito. Muitas vezes, você vai ter que fazer aquilo que não quer para chegar naquilo que quer! Aqui, percebemos uma poderosa ligação entre as estações da vida. Em cada estação, temos que nos vestir e nos posicionar de uma forma diferente. Levou um tempo para eu sair do casulo, mas isso faz parte do processo, porque, se tirarmos a lagarta do casulo antes do tempo, ela morre; há um tempo determinado para todas as coisas. Eu vivi o meu processo e te desafio a viver o seu!

Que a minha história sirva para você e te ajude a ressignificar e dar um novo sentido para os acontecimentos da sua jornada. As experiências pelas quais estamos passando fazem parte do maravilhoso processo que fez da lagarta uma borboleta, de Davi um rei, de José um governador. O que você carrega é essencial para viver acima das estações. Deus não está preparando algo para você: Ele está te formando para entregar algo que já está preparado!

Aos que acreditaram na minha jornada e caminharam ao meu lado, meus sinceros agradecimentos. Cada passo dado foi fortalecido pela certeza de que eu não estava só. Por isso, expresso minha gratidão mais profunda por esse reconhecimento de nível inexplicável.

Deixo aqui, também, meu reconhecimento àqueles que compartilharam suas histórias e seus conhecimentos, enriquecendo este livro, pois suas contribuições são os pilares que sustentam a construção deste trabalho. Na busca pela sabedoria, encontrei inspiração em cada página escrita e em cada momento de reflexão. A jornada de criar este capítulo me ensinou que o conhecimento floresce quando cultivado com paixão e determinação.

Por fim, dedico essas palavras à fé em Deus que me guiou em cada desafio, lembrando-nos, constantemente, de que até as tempestades mais escuras podem ser seguidas por raios de esperança.

Beijos no seu coração!

“

Todo processo te levará a um grande propósito.

”

Jandimara Gianotti

Jane Paixão

Meu nome é Jane Paixão, sou casada com Anderson, há 15 anos, e mãe da Lívia, de 5 anos.

Sou mentora, escritora, empreendedora e funcionária pública do estado de Minas Gerais, onde resido com minha família. Ajudo centenas de mulheres no cuidado com seu corpo, sua alma e seu espírito.

Me sinto uma mulher realizada e não abro mão dos meus princípios e valores. Vivi muitas experiências desafiadoras que dariam vários livros, ou até um filme bem emocionante. Depois de superá-las, tenho propriedade e autoridade para ajudar outras pessoas.

Fazer a diferença na vida de alguém é o que eu mais amo fazer. Saber que minha vitória gera esperança, fé e motivação nas pessoas aquece meu coração. Hoje, sim, sei que estou seguindo o propósito para o qual nasci.

janepaixaooficial

+55 (31) 98298-0726

janepaixaooficial

janegrazy@hotmail.com

15 UMA DOENÇA MORTAL QUE ME TROUXE À VIDA PLENA

Por Jane Paixão

Uma mulher de 35 anos, casada, mãe, cheia de energia e saudável. Em um dia comum, ao fim de uma jornada agitada de trabalho, fui para o chuveiro tomar um merecido e demorado banho. Ao cantarolar e esfregar o corpo, senti um nódulo na mama. Naquele momento, achei que poderia ser algo relacionado ao empedramento de leite que tive na amamentação ou por estar chegando meu período menstrual. Sinceramente, não passou pela minha cabeça nada grave.

Alguns dias depois, meu marido me incentivou a ir ao médico. Então, fui à ginecologista e ela me pediu um ultrassom e uma mamografia. Fiz os exames e levei-os para médica, que me encaminhou ao mastologista em caráter de urgência. No mesmo dia, me consultei com o especialista de mamas, pois insisti com a secretária e falei que não sairia dali, não importava o tempo que iria esperar. No consultório, o médico já me encaminhou para uma biópsia. Algumas horas depois, fiz esse exame, que confirmaria se o nódulo era maligno ou benigno. O resultado ia demorar 15 dias para sair. Obviamente, fui direto pesquisar na internet sobre o ultrassom. Tudo indicava ser um nódulo maligno, por seu formato, sua espessura etc. Mas eu ainda não acreditava nisso. Contei somente para meu esposo, minha sogra e uma amiga do trabalho.

Comecei a pensar na minha vida pregressa: minha avó faleceu de diabetes, com 62 anos; minha tia, com 35 anos, devido a problemas no coração; e minha mãe aos 47 anos, por complicações após tentativa de suicídio. Ela ficou em coma por um mês e internada durante 5 meses. Depois de uma traqueostomia, não resistiu. Então, veio à minha mente: será que havia um espírito de morte, já que todas as mulheres da minha família morreram precocemente? Seria uma maldição hereditária? Seria castigo por eu não estar mais na igreja? (Depois que minha mãe faleceu devido à religiosidade e ao fanatismo, eu não me sentia bem em um ambiente religioso.)

Seria por eu não estar mais orando e cultivando intimidade com Deus? Ou por eu ter uma alimentação errada? Seria falta de vitaminas e nutrientes, pois nunca me preocupei em tomar sol, suplementar ou fazer exames periódicos? Seria falta de um perdão de que eu nem lembrava; ou, talvez, o autoperdão? Seria ressentimento ou sentimento de culpa? Ou será que fazia pouco exercício físico? Seria alguma macumba? Seria o medo de perder meu marido, que teve um acidente de moto dois anos antes? Ou o medo de perder meu pai, que teve um AVC um ano atrás? Seria o trauma por ter perdido minha mãe de forma trágica, há 15 anos? Até hoje, não sei a resposta, mas pouco importa; já superei todas essas questões. Estudei dia e noite, de forma aprofundada. Comprei cursos, palestras, mentorias e livros.

Nessa trajetória, tive uma experiência de milagre. Coloquei Deus no centro de tudo, tive um desenvolvimento pessoal e emocional incrível, me conectei com pessoas e mudei meu estilo de vida. Hoje, sou outra pessoa. Agora que você já sabe que eu venci, siga em frente! Leia atentamente este capítulo, deixe as palavras fazerem parte de você e descubra o segredo que será a virada da sua vida. Seguirei, portanto, contando sobre as experiências que vivi, com o intuito de ajudá-lo.

Chegou, enfim, o dia do resultado da biópsia. Meu marido foi comigo e eu ainda tinha esperanças de que o nódulo não fosse maligno. Entramos no consultório e o médico leu o resultado do exame conosco. Era câncer de mama, e do tipo mais invasivo. Meu mundo caiu, senti vontade de chorar, gritar, correr, sumir, mas só falei: "E agora?".

O médico perguntou: "Você bebe? Fuma? Já foi obesa? Leva uma vida sedentária? Alguém na sua família teve essa doença?". A resposta para todas as perguntas foi "não". O mastologista, então, me levou ao andar de cima da clínica e me apresentou ao oncologista, que me passaria mais detalhes sobre o tratamento. Ele disse que eu precisaria fazer cirurgia, sessões de quimioterapia e radioterapia". Eu lhe perguntei: "E vou perder meus cabelos?". O médico disse que havia, em outra cidade, uma touca congelante que poderia evitar a queda total dos fios, mas que o resultado não era garantido. Ou seja, não compensava me deslocar, pagar o valor e acabar me decepcionando.

A primeira sessão da quimioterapia foi agendada para a semana seguinte. Foi tudo muito rápido, pois corríamos contra o tempo, já que eu tinha o tipo de câncer de mama mais agressivo de todos, e com menos alternativas para o tratamento. Ele é considerado agressivo por se espalhar muito rapidamente; era possível que ele já tivesse atingido os linfonodos da axila e, dali, chegado até pulmão e ossos. Eu me questionava: "Por que eu?". Nunca bebi, nunca fumei, era ativa e sempre controlava meu peso. Era uma pessoa boa, alegre e nada que o médico sugeriu como possível causa fazia sentido. Ele dizia que eu tinha sido sorteada. Comecei a pesquisar tudo sobre a doença, pois não acreditava naquele sorteio. Analisava os testemunhos de outras mulheres com a mesma idade que eu, para saber sobre as suas experiências e possíveis causas obscuras para o câncer, como as de fundo emocional e espiritual.

Sobre fundo emocional, havia o meu sentimento de culpa pela morte da minha mãe. Convivi com essa culpa por 15 anos. Achava que eu poderia ter impedido que ela tomasse veneno, pois tinha entrado de férias e, em vez de chamá-la para passar o final de semana comigo, preferi descansar durante a primeira semana. Ou poderia ter insistido em uma internação, pelos seus problemas mentais. Pensava que deveria ter procurado um tratamento mais efetivo para a sua depressão. Acreditava que poderia ter deixado a faculdade para ficar mais tempo com ela no hospital. Naquela época, nem eu nem minha família tivemos o discernimento, muito menos a ajuda de alguém que entendesse sobre a doença dela. Não havia acesso fácil à internet e pouco se falava sobre doenças mentais. Acreditávamos que tudo tinha origem espiritual; afinal, ela ia à igreja, era crente, e cuidava, inclusive, da limpeza do local.

Citarei alguns episódios de crises que marcaram muito a minha adolescência. Meus dois irmãos mais velhos moravam com meu pai, e eu, com minha mãe. Naquele tempo, ela frequentava uma igreja que lhe pedia dinheiro o tempo todo; então, minha mãe dava todo o seu salário e sua renda para a igreja. Ela dividiu a nossa casa e alugou uma parte. Havia, ainda, outra casa alugada no lote ao lado; e ela também dava à igreja o valor desse aluguel. Não comprava nada para a nossa casa, atrasava as contas de água e luz, e passamos uns seis meses comendo apenas arroz e angu. Eu via os filhos dos inquilinos comendo feijão, carne e biscoito recheado e sentia vontade. Ela era uma mãe maravilhosa e carinhosa, mas ali já não raciocinava mais.

Nas madrugadas, ela batia no portão dos vizinhos falando que tinha visto Jesus. Ficava olhando para o alto e falava que via o céu se abrindo, além de orar a madrugada toda. Hoje eu sei que ela era uma profeta, mas, por falta de treinamento, foi considerada louca. Às vezes, ela não queria tomar banho e eu precisava limpá-la. Ela me proibia de contar para o meu pai ou meus irmãos, falava para eu confiar e obedecer, que essa era a vontade de Deus. Meu pai achava que estávamos bem, pois tínhamos três fontes de renda.

Num sábado, um dos meus irmãos nos visitou – as visitas não eram constantes, e foi quando ele descobriu nossa dificuldade. A situação ficou tão feia que tiveram que levar minha mãe para um hospital psiquiátrico, onde ela ficou um tempo. Depois, nos mudamos para a casa do meu pai. Em casa, ela tomava os remédios controlados por um período e depois parava, falando que estava curada por Deus. Sem demora, tinha uma nova crise, e corriam com ela para o hospital. Isso se repetiu diversas vezes.

Sem saber, no meu subconsciente, culpava meu pai por ter me deixado passar fome. Onde ele estava quando um dos inquilinos tentou abusar de mim? Onde estavam meus irmãos mais velhos? Fui guardando tudo isso só para mim. Me fechei para não me lembrar de nada e fingir que isso nunca tinha acontecido; era mais fácil assim.

Quando recebi o diagnóstico, fiquei afastada do trabalho por quase dois anos, e tive muito tempo. Não conseguia parar de estudar; acredito que por terem dito que a memória poderia falhar com o tratamento. Enquanto isso, minha família, minhas tias e primas – principalmente a Paty – me apoiavam e oravam por mim. As amigas e vizinhas também. No livro completo, farei questão de citar todos os seus nomes. O tratamento foi muito tranquilo, pois usei uma suplementação que não deixou minhas plaquetas caírem. Minha amiga Márcia insistiu tanto, mas tanto, que eu voltei para igreja; porém, não conseguia orar de verdade.

Depois da cirurgia, durante minha recuperação, estava desmaiando e sentindo muita falta de ar, então meu esposo ligou para o médico, que pediu para me levarem até onde ele estava. Meu marido e minha tia passaram um aperto para me fazerem descer pela escada. Da minha casa até a clínica foram uns 40 minutos. No caminho, a falta de ar piorou: eu puxava o ar e ele não vinha, achei que estava indo embora deste mundo. Falei para o meu esposo: se não der tempo, fala para a Lívia o tanto que a amo. Foi ali que eu clamei ao Senhor: "Pai, me ajude a viver e eu nunca mais me desviarei, nem por um dia, dos teus caminhos". Então, senti meu corpo esquentando e queimando por dentro; comecei a adorar Deus e, no desespero, recebi o batismo de fogo e novas línguas. Chegamos ao médico e tudo estava preparado, pois ele suspeitava de uma embolia pulmonar. Um ultrassom foi feito e eu não tinha nada. Deus ouviu o meu clamor e me curou.

Hoje, sinto a necessidade de contar o meu testemunho de modo a ajudar outras pessoas a não cometerem os erros que cometi, e para incentivar aqueles que estão passando pela doença a terem fé. Além disso, busco ajudar as pessoas com a prevenção, cuidando da parte nutricional do corpo e também de suas emoções.

"Aquele que, como eu, tem muitas histórias de superação e já sofreu demais deve saber: você tem autoridade e propriedade para ajudar e ensinar."

Jane Paixão

Joseane Chaves de Toledo

Você já parou para pensar em quem é você? Esta é uma pergunta difícil de responder, e que nos leva a uma reflexão imensa acerca da dimensão que podemos dar à visão que temos de nós mesmos.

Joseane Chaves de Toledo, a Josy Chaves, é filha amada de Deus, que aprende a honrar José Gabriel de Toledo (in memoriam) e Vilma Almeida Chaves de Toledo como seus pais, todos os dias.

Mulher no resgate da feminilidade e sensibilidade, e menina dos olhos do Pai. É mãe de Renata, João Gabriel e Rafaella.

Está dentista, com sede de aprender cada vez mais, para levar cuidado e qualidade de vida para todos os que dela precisarem. Com energia e disposição, está pronta para desbravar o mundo, segundo a permissão de Deus.

dra.josychaves

Joseane_chaves@yahoo.com.br

16 OUÇA SEU CORAÇÃO: VOCÊ NÃO ESTÁ SÓ

Por Joseane Chaves de Toledo

A vida é uma sucessão de escolhas e decisões. A cada dia que despertamos, somos confrontados com a tarefa de escolher. Escolhemos caminhos, pessoas e até a perspectiva com a qual encaramos a vida. Nossa trajetória é moldada por essas decisões; e, muitas vezes, nos surpreendemos ao perceber que nem todas são frutos de uma análise racional: algumas parecem emergir de um lugar profundo dentro de nós.

Tenho uma lembrança que remonta à minha infância, quando tinha cerca de 10 anos. Naquela fase da vida, envolta por sentimentos e circunstâncias, tomei uma decisão que moldaria meu futuro: escolhi que, quando adulta, teria uma profissão. Na época, não compreendia a complexidade por trás dessa escolha, e parecia que algo mais forte do que eu guiava meu caminho. Hoje, posso compartilhar essa história com uma compreensão mais profunda de que nunca estamos sozinhos.

Começo com uma passagem que me sustenta: "*Tudo posso naquele que me fortalece.*" (Filipenses 4:13). Essa passagem bíblica ecoa em minha jornada, reafirmando minha confiança em Deus e minha capacidade de superar desafios com Sua força.

Fui agraciada por pais amorosos. Entre altos e baixos, moldados pelas histórias de vida deles, fui desenvolvendo minha personalidade. Erros e acertos se misturavam, sempre com um olhar atento para discernir o que eu realmente desejava para mim. Quando chegou a hora de escolher qual caminho seguir, optei por aprender a arte do ensino. Desde pequena, tinha um apreço por transmitir conhecimentos e seguir o Magistério. Antes de completar o

Magistério, a Psicologia se destacou para mim. Com 18 anos, saí de casa para uma república estudantil, inaugurando minha jornada rumo à profissão.

O que torna Deus incrível é sua capacidade de transformar momentos de dor e incerteza em oportunidades de crescimento. Hoje, tenho plena convicção desse aspecto de minha vida. Os primeiros dois anos de Psicologia foram apenas uma passagem, pois, aos 20 anos, fui agraciada com a missão de ser mãe de uma linda menina, a Renata.

O apóstolo Paulo nos exorta com as palavras de Filipenses 4:13, e revela que somos capazes de enfrentar qualquer desafio pela força que nos é concedida. Essa convicção tornou-se o meu norte, impulsionando-me a superar obstáculos aparentemente intransponíveis. Não é a nossa própria força que nos guia ao sucesso, mas a fé inabalável na presença constante de Deus. Com essa fé, tranquei a faculdade. Três anos se passaram, dedicados à família, mas o chamado para abraçar uma carreira ressurgiu com uma intensidade que fez meu coração vibrar. E, novamente estudando para o vestibular, Deus me honrou com uma vaga na Odontologia.

A profissão que você abraça hoje é aquela que tanto desejou desde sempre? Louvo o nome do Senhor por direcionar-me a ela. A Odontologia veio como a única opção viável na cidade onde eu vivia, e o sonho profissional adormecido despertou. Ao final do primeiro ano, dificuldades financeiras ameaçavam interromper minha jornada acadêmica. Me lembro de caminhar até a faculdade, em lágrimas, para formalizar meu afastamento. Mas Deus estava à frente, e um funcionário, com calma, me assegurou de que havia tempo para refletir – eu poderia decidir no início do próximo ano.

"*Porque sou eu que conheço os planos que tenho para vocês*", declara o Senhor em Jeremias 29:11. Seus planos visam nossa prosperidade, e não nossa desventura. E é essa promessa que mantém viva a chama da esperança, mesmo em meio às adversidades mais densas, transformando desafios em oportunidades de aprendizado.

As mudanças recentes na minha trajetória profissional são motivo de celebração. Mesmo ainda me surpreendendo por ter encontrado minha verdadeira vocação, o caminho até aqui foi percorrido entre lágrimas e decepções, sem saber como retomar minha jornada. Foi nesse momento que meus pais me sugeriram uma alternativa: deixar minha filha sob seus cuidados e voltar à faculdade, compartilhando uma república com colegas. Essa escolha foi, sem dúvida, desafiadora, mas também representou uma oportunidade para reviver os estudos. Assim, retornei à faculdade. Vivi uma montanha-russa emocional, pois, embora estivesse feliz por voltar a estudar, me distanciei da minha amada filha. Nas minhas orações de agradecimento, pedia a Deus que aliviasse a saudade que minha filha de 5 anos sentia de mim. Suas lágrimas e súplicas pelo retorno da mãe ecoavam em meu coração.

Enquanto escrevo este relato, meu coração dispara e uma alegria indescritível me envolve, relembrando o quanto o amor de Deus por seus filhos é grandioso. A república não se mostrou uma solução ideal. Me sentia uma invasora, e os planos divinos entraram em cena. Preocupados com a situação da Renata, meus pais decidiram intervir. E, assim, como se um milagre estivesse em curso, surgiu uma casa já mobiliada, com um aluguel justo. Reconheci essa bênção como um presente de Deus. Na mesma semana, minha filha retornou para completar o momento abençoado. Nossos olhares se encontraram, e ouvi o doce chamado: "Mamãe!". Ela pulou em meus braços e nos abraçamos com força, reafirmando o amor que nos une. Naquele momento, prometi que só nos separaríamos para ela seguir suas próprias escolhas de vida.

"*Sabemos que todas as coisas cooperam para o bem daqueles que amam a Deus, daqueles que são chamados segundo o Seu propósito.*" (Romanos 8:28). Esta passagem nos mostra que, mesmo ao enfrentar adversidades, Deus tem um plano maior, que pode transformar todas as coisas em nosso benefício. Com essa convicção, fui para o segundo ano de faculdade, obtendo apoio do FIES para continuar meus estudos.

Os desígnios de Deus continuaram a se revelar em minha vida. No terceiro ano de faculdade, minha jornada ganhou novo significado com o nascimento de meu filho João Gabriel. Com a família completa, tudo parecia se encaixar. Contudo, o destino nos reservou um desafio: João Gabriel enfrentou um problema de saúde aos 9 meses de idade: uma grave infecção urinária que exigiu cirurgia. Dias de angústia se seguiram, mas a intervenção divina guiou nossa jornada. Após 6 horas de tensão, João Gabriel saiu da sala de cirurgia. Seus braços se estenderam na minha direção, o acolhi em meu colo, sentindo seu calor e sua fragilidade, em um abraço reconfortante, selando nossa conexão.

Ao repassar minha jornada até aqui, percebo como todos os momentos estão interligados e escritos pelas mãos de um Pai maravilhoso. As adversidades foram temperadas com dor, tristeza, ansiedade e questionamentos, mas também foram impregnadas de força e determinação.

E, finalmente, chegou o momento tão esperado: a formatura. Toda a família reunida celebrou o que considero o início oficial da minha jornada profissional. Concluir essa etapa deu vida à decisão tomada na infância. Era hora de mergulhar no trabalho e a busca por conhecimento tornou-se constante. Em 2003, fiz uma especialização na área que me preenche: DTM e Dor Orofacial.

Como diz Provérbios 19:21: "*Muitos são os planos no coração do homem, mas o que prevalece é o propósito do Senhor.*" Nesse momento, acreditava estar completa como mãe de Renata e João Gabriel e como dentista. Mas Deus me surpreendeu com a chegada da doce, carinhosa e esperta Rafaella. Sua vinda iluminou ainda mais nossa família.

No entanto, com essa maravilhosa surpresa, veio uma nuvem escura que surgira antes de forma sutil: a depressão pós-parto. Nas gestações anteriores, não tinha percebido essa sombra devido à empolgação pela conquista profissional, por falta de entendimento e por conta das circunstâncias vividas. A apatia se instalou em mim, roubando qualquer ânimo. Recordo-me de momentos em que pedia ajuda à minha mãe para que ela viesse alimentar meus filhos, pois eu não tinha forças.

Nos fins de semana, me encontrava largada no sofá. Alguns dias, nem sequer tomava banho, e a vontade de fazer qualquer coisa sumia. Apenas o desejo de dormir e escapar da realidade permaneciam. Assim se passaram meses envoltos em lágrimas, e minha súplica por ajuda a Deus parecia não ser ouvida. O que me mantinha agarrada à vida era o instinto de mãe que bradava em mim. Sabia que precisava ser forte pelos meus filhos. Do contrário, quem cuidaria deles?

Amigos e familiares – todos buscavam me ajudar. No entanto, as pessoas não percebem que a depressão é uma doença silenciosa, cruel e que te deixa impotente. Atravessar esse túnel sombrio e triste é uma batalha interna em que tudo parece sem sentido. Em meio ao desespero, buscava em Salmos 46:1 o conforto: "*Deus é o nosso refúgio e fortaleza, socorro bem presente nas tribulações."* Refugiei-me no amor de Deus e fui vencendo um dia após o outro. E então, no meu aniversário de 31 anos, decidi que era hora de me libertar da depressão.

E por que compartilhei todas essas passagens da minha vida? Porque desejo enfatizar que vivemos em um constante fluxo no qual cada momento é transitório, com seu próprio significado. A verdadeira essência reside em compreender que o sucesso se encontra na jornada que trilhamos. É sobre manter o coração aberto para ouvir a palavra de Deus e estar disposto a aprender a cada dia o amor, a gratidão e o perdão. Afinal, Deus é infinitamente perfeito, e nossas dores se transformam em valiosas lições, enquanto os desafios se convertem em impulsos para o crescimento.

Cada pessoa tem sua história, e o que você vive hoje é resultado dos aprendizados que adquiriu. A resiliência que cultivamos ao longo dos anos molda quem somos, transformando nossas experiências em degraus rumo à superação. O processo do preparo gera frustrações, dores e decepções, mas traz maturidade e nos torna mais fortes.

Hoje, escrevo uma parte da minha história. Ciclos se encerram, estou aberta a oportunidades na Odontologia e aumentando cada dia mais minha conexão com Deus. Os desafios que você enfrenta fazem parte do trabalhar do Senhor, preparando-o para algo que ainda virá. Olho para o meu passado com carinho, guardo o que foi ternura e supero o que foi dor.

"A verdadeira essência reside em compreender que não estamos sozinhos, e o sucesso se encontra na jornada que trilhamos."

Joseane Chaves de Toledo

Jota Matiotti

Em 2018, Jota deparou-se com a morte. Após sentir dores de cabeça e tonturas, descobriu um tumor no interior de sua cabeça que o levou a uma cirurgia urgente. Surgindo, portanto, um desafio que impactaria sua vida para sempre.

Sobrevivente, mas com limitações físicas e psicológicas, perdeu 50% da audição e do equilíbrio. Também, o tumor criou um zumbido ensurdecedor. Com isso, Jota iniciou uma jornada de autoconhecimento e despertar, aprendendo técnicas de auto-hipnose, meditação e oração. Em 2019, passou a motivar pessoas através das redes sociais. Em 2022, publicou um livro chamado *Saia para si mesmo*, contendo chaves que abrem portas para uma vida mais produtiva e iluminada.

Hoje, ele participa de palestras, elabora cursos, infoprodutos e mentorias, tendo como meta ativar e motivar vidas.

jotamatiotti

+55 (14) 99735-6496

jpmatiotti@gmail.com

17

EM BUSCA DA LUZ

Por Jota Matiotti

Ao longo da vida, busquei respostas sobre a origem e a razão da existência humana através da história, da ciência e da religião. Quando descobri, em 2018, um tumor no interior da minha cabeça, questionei o motivo de estar passando por aquilo. Eu já havia procurado por anos a razão daquele zumbido no ouvido esquerdo. Os médicos diziam que se tratava de estresse ou que eu não fizera a digestão correta de algo que havia comido, e isso causava tanta tontura e enxaqueca.

Você sabe o que é crescer tendo crises de enxaqueca, ao ponto de vomitar e ficar deitado por horas no chão gelado do quarto, em total escuridão e silêncio, gemendo e orando para a dor passar?

Minha visão era uma festa caleidoscópica. As imagens, supostamente reais, passavam para um segundo plano, e auras e cristais tomavam conta do que eu via. Em seguida, tinha uma dor de cabeça insuportável, além de vômito. Passei por isso desde muito pequeno, quando fui diagnosticado como portador de enxaqueca e labirintite. Qualquer situação diferente da rotina, como tomar muito sol, comer cachorro-quente, chocolate, um pedacinho de linguiça ou tomar café poderia despertar o dragão adormecido, e lá ia eu para uma terrível crise de tontura e enxaqueca que, às vezes, durava dois ou três dias.

Em 2016, após vencer uma corrida de *mountain bike*, fiquei uma semana de cama. Os médicos pensaram que era dengue, mas percebi que as crises estavam mais graves, não tinha sequer condições de estacionar o carro. Após fazer vários exames para investigar a causa desse sofrimento, uma ressonância magnética do crânio, em outubro de 2018, mostrou um tumor denominado

Schwannoma do vestibular, no interior da minha cabeça. Ele crescia lentamente desde a minha infância, e já estava pressionando o meu cérebro. O zumbido havia aumentado e chegado a um nível insuportável. Minha visão estava estranha; às vezes, "percebia" objetos imóveis em movimento, devido à proximidade do tumor com o cerebelo. Explico isso de forma mais aprofundada em um livro que escrevi, chamado *Saia para si mesmo*.

A questão é que eu precisava retirar o tumor imediatamente, pois corria o risco de nunca mais sequer andar. Devido ao seu tamanho e pelo fato de já estar tocando o meu cérebro, qualquer movimento desse tumor poderia "encostar" em alguma área sensível cerebral e causar danos irreversíveis. Então, desesperado, vi meu filho nascer em 16 de novembro de 2018, e no dia 11 de dezembro do mesmo ano fui submetido à cirurgia de retirada do tumor. Graças a Deus voltei com vida da cirurgia, mas muito abalado física e mentalmente, pois com o tumor fora removido também todo o meu labirinto. Percebi que a vida não seria a mesma, pois não tinha mais noção de espaço. As pessoas me chamavam e eu tinha a sensação de estar dentro de um aquário. Não conseguia mais perceber de onde vinha o som e nem onde estavam as pessoas.

Com a retirada do meu nervo auditivo, ficaram terminações nervosas no meu ouvido, as quais criavam ruídos insuportáveis. Eram vários, e eu estava ficando louco. Ali no hospital, por dias sem poder tirar a cabeça do travesseiro e me sentindo muito frágil, tentei entender como acessar e controlar o meu subconsciente. Iniciei uma jornada para aprimorar minha capacidade mental fazendo exercícios de meditação, autoconcentração, auto-hipnose e oração, e compreendi de fato a capacidade grandiosa da nossa concentração e a magnitude do poder que existe dentro de nós.

Nesses estudos, conheci a mecânica quântica. Li um livro que relatava que era no vácuo quântico onde tudo emergia, onde tudo era criado e surgia para o nosso mundo físico, material. O vácuo quântico estava em um lugar denominado "não local". Isso significava que ele não estava na nossa dimensão e não podia ser localizado, medido, avaliado como partícula, como matéria e nem mensurado por nossos equipamentos.

Enfim, percebi que os físicos reconheciam a existência de um oceano criador de tudo, emanando energia de um outro lugar, onde emergia toda a energia do universo. Os elétrons presentes em todos os corpos, inclusive no meu e no seu, trafegam com informações por esse oceano, indo e voltando o tempo todo para lá e para cá (na nossa dimensão), comportando-se, simultaneamente, como onda e partícula. Isso me fez entender que Deus estava em toda parte, mandando tudo para nós. Na Bíblia, em Hebreus 11:3, está escrito que pela fé entendemos que o universo foi criado pela palavra de Deus, sendo que aquilo que se vê não foi feito do que se vê. O Criador não interviria em minhas decisões, a menos que eu pedisse, tivesse fé e permitisse. A decisão de criar ou reagir ao mundo era exclusivamente minha; mas, se quisesse, poderia de alguma forma acessar essa fonte.

Considerando-se que para nos iluminarmos devemos buscar uma fonte de luz, o primeiro passo é encontrar um caminho ou sinais que levam a essa luz. Além disso, é necessário entender a natureza da luz: como ela é, como se comporta, se ela é manifestada ou não manifestada, ambos, ou apenas uma das opções. Eu havia compreendido que a fonte divina estava em outra dimensão, criando tudo aqui. Assim, estava ao mesmo tempo em toda parte. Como eu acessaria essa fonte?

Isaac Newton, em 1672, apresentou uma teoria denominada "Modelo corpuscular da luz". Seu experimento demonstrou que a luz se comportava como partícula. Já em 1801, Thomas Young descobriu que ela se comportava como onda. Muitos experimentos foram realizados com a luz até o surgimento da mecânica quântica. Atualmente, sabe-se que a luz tem um comportamento simultaneamente dual, de partícula e onda – guarde bem isso.

No Evangelho de João está escrito que no princípio era o Verbo e o Verbo estava com Deus, e o Verbo era Deus. A vida estava n'Ele, a vida era a luz dos homens. Isso ocorreu antes de qualquer criação manifestada; ou seja, antes de estar nesse mundo materialmente conhecido por nós. João diz que João (Batista) veio para testificar a respeito da luz, a verdadeira luz que, vinda ao mundo, ilumina todos os seres humanos. Deus é a origem de tudo, e tudo o que se cria vem d'Ele, de outra dimensão, não local, não manifestado, do não material para este mundo manifestado. O sentido da nossa vida, assim como a própria Bíblia, tem como escopo buscar uma conexão com Deus. E Jesus trouxe esse caminho para nós.

Ao nascermos, estamos ainda em estado de pureza, um estado de consciência divina. Por isso, Jesus diz que das crianças é o Reino. O Reino é a conexão com

Deus, com a consciência pura criadora, sem nenhuma exposição à programação imposta pelo ambiente externo daqui (pais, familiares, escola, Estado, professores, mestres, amigos, mídia etc.). Aprofundo esse assunto no meu livro.

Quando adquirimos conhecimento, perdemos nossa intimidade com Deus e deixamos de compreender a vida. Nossa mente começa a captar e absorver o que existe como sendo somente o visível, o palpável, o manifestado neste mundo. Aos poucos, deixamos de imaginar, de ter grandes ideias. Assim, como todos os estudos científicos se baseiam em evidências manifestadas, físicas, partículas e matérias, sem perceber somos induzidos a pensar que essa é a verdade única e última. A ciência, apesar de maravilhosa, limita-se ao mundo manifestado e não consegue ir além dele, pois não existem "aparelhos tecnológicos" que possam ir adiante. Mas a luz tem outro comportamento além do manifestado, um comportamento de onda. Nossos celulares trafegam informações invisíveis através de ondas.

Jesus era a luz que estava com Deus na criação, era a parte mais próxima e íntima d'Ele etc Logo, estava no mundo não manifestado, na origem de tudo, e veio a este mundo. Portanto, entendi que era esse o caminho de completude que deveria seguir para me iluminar, compreendendo e aplicando de forma consciente em minha vida todos os seus ensinamentos. O homem foi separado de Deus após acessar a árvore do conhecimento, após desobedecer a uma única ordem. A partir dali, conheceu o bem e o mal, teve vergonha, sofreu, distanciou-se do Criador e passou a sentir medo, inveja, a ser egoísta. Muitos foram para a escuridão.

Perceba que, em meio ao meu sofrimento físico e psíquico pela retirada do tumor, passando por um grande deserto, encontrei respostas para seguir o caminho da fonte inesgotável de conhecimento, me dando conta de que a minha iluminação espiritual ocorreria seguindo as orientações do mestre Jesus.

A nossa mente limitada tem dificuldade em compreender além do físico e do palpável. Isso nos foi imposto por uma revolução criada nos últimos séculos, abandonando a fé e a crença no espírito, vivendo a partir do discurso de que tudo o que existe deve ser provado. Provado por quem? Por que? Pelo homem. Entenda que a sua mente não é você, ela é apenas uma parte sua, e você pode controlá-la. Após esse entendimento, me senti na obrigação de aplicar no dia a dia todo esse conhecimento e a transmiti-lo de uma forma mais simples às pessoas, demonstrando como o poder criativo encontra-se dentro de cada um.

Com uma mudança nos hábitos diários, fé, exercício, dedicação, disciplina, paciência e concentração, podemos acessar a fonte criativa, a fonte divina de onde tudo emerge e que está dentro de cada um de nós. Foi assim que, durante minha reabilitação, no dia 21 de abril de 2019 – um domingo de Páscoa –, andando de bicicleta e compreendendo que eu estava tendo uma nova oportunidade, deixando de lado o sofrimento, o medo, a ignorância e me tornando grato por ter sobrevivido, mudando minha forma de pensar e ver a vida, recebi uma imensa descarga de energia. Ela emergia de dentro de mim: um raio cósmico me fez parar a bicicleta para sorrir e chorar. Ali, no meio da natureza, sozinho, em lágrimas de alegria e gratidão, sem nenhuma explicação, senti um arrepio da cabeça aos pés. Minhas pernas tremiam, entrei em êxtase absoluto e fui preenchido por uma grande emoção.

Nunca havia sentido nada igual; fui atingido por uma sensação de completude, meu corpo era preenchido por gratidão a tudo o que tinha vivido até ali. Senti-me feliz de estar naquele lugar, e um amor grandioso por Jesus me acometeu. Fui tomado pela luz divina e nada mais me faltava, nada mais me preocupava. Foi a confirmação de que deveria propagar a palavra de Deus para as pessoas, ensinar o poder que existe dentro de nós e que, ao nos conectarmos com Deus, podemos suportar e enfrentar absolutamente todas as dificuldades.

Antes de terminar este capítulo, quero fazer um convite para que você se aprofunde na sequência dos fatos que aconteceram comigo. E, para que eu possa passar um exercício que irá contribuir em sua jornada, você deve acesse o QR Code abaixo.

Caso não consiga visualizar esse conteúdo, acesse o link: https://youtu.be/Llitf80Xmxk

Tenho certeza de que sua vida será transformada e sua luz irradiará o amor do Criador, transformando o mundo à sua volta.

“Perdemos pessoas que amamos e nos sentimos solitários. Porém, nossas experiências nos moldam e servem de guia para a nossa iluminação.”

Jota Matiotti

Juliana Prado

Prepare-se para ser levado por uma montanha-russa de emoção e superação. Sou Juliana Prado, resido em São Paulo com meu filho Théo, de 5 anos, e que tem paralisia cerebral.

Sou mentora, terapeuta especialista em reprogramação emocional, enfermeira e escritora. Tive o *insight* de unir todo o meu conhecimento e minhas experiências para apoiar e empoderar mães de crianças com deficiência.

A minha jornada de vitória não foi nada fácil. Superei grandes desafios e provei que é possível mudar a própria vida através do autoconhecimento e de Deus. Trata-se de uma história de espelho para todos nós, um lembrete poderoso de que as dificuldades podem ser trampolins para o crescimento, e que os momentos mais sombrios, muitas vezes, nos ensinam as lições mais valiosas, trazendo um novo sentido de determinação e esperança de vida.

julipradoterapeuta

+55 (11) 99833-0947

18 VINCOS DE FORÇA

Por Juliana Prado

A minha história é como o nascer do sol após uma longa e escura noite. Navegando pelas águas desconhecidas da vida, me vi diante de um desafio que não apenas transformou minha existência, mas também me mostrou o poder inabalável do amor, da resiliência e da superação. Minha jornada como mãe de uma criança com deficiência me revelou um mundo de cores, nuances e forças que eu jamais poderia imaginar.

Nossa vida é um delicado equilíbrio entre sonhos quebrados e a promessa de um futuro repleto de possibilidades. Desde o momento em que vi meu filho pela primeira vez, soube que nossa estrada seria diferente, marcada por obstáculos únicos e desafios que nos obrigariam a repensar a vida e seus significados. Enquanto enfrentava olhares curiosos e palavras de piedade, encontrei a força em Deus e em minha família para criar um ambiente onde meu filho pudesse crescer com amor e autoconfiança.

O primeiro riso conquistado, um dia inesquecível, tornou-se uma vitória celebrada com o coração aberto. Aprendi a valorizar as pequenas conquistas que, para muitos, podem passar despercebidas, mas que para nós representam enormes avanços. Ao longo dessa jornada, pude conhecer pessoas extraordinárias, pais e mães que compartilham das mesmas batalhas e triunfos, formando um elo poderoso de compreensão e apoio mútuo.

Convido você a explorar os recantos da maternidade atípica e a descobrir como, ao abraçar a singularidade do meu filho, descobri minha própria força interior. Isto aqui é um testemunho de que, quando enfrentamos os desafios de cabeça erguida e com coragem, podemos transformar a adversidade em uma fonte de crescimento, aprendizado e, acima de tudo, de amor inabalável.

Houve momentos em que minha determinação foi posta à prova pelas escolhas difíceis que tive que fazer e as dúvidas que, por vezes, abalaram minha confiança. Aprendi a encontrar alegria nas pequenas coisas, a abraçar a diferença e a valorizar cada momento como uma dádiva. As experiências que poderiam ter me quebrado se tornaram a argamassa que construiu minha fortaleza emocional.

No entanto, no âmago dessa história inspiradora, reside um desafio que se revelou como um teste constante da nossa determinação e força de vontade. O problema que enfrentamos não é apenas uma deficiência física ou cognitiva, mas, sim, a batalha diária contra a incompreensão, os preconceitos e as barreiras que a sociedade muitas vezes coloca diante de nós. A dificuldade não é apenas a superação das limitações impostas pela condição do meu filho, mas a luta por inclusão em um mundo que, frequentemente, parece voltado apenas para o padrão convencional. Enfrentamos olhares de pena e ignorância, contestamos sistemas que não estão adequadamente preparados para atender às necessidades especiais e nos deparamos com uma série de desafios educacionais, médicos e sociais que, muitas vezes, parecem intransponíveis.

Como é difícil a constante busca por aceitação e oportunidades, por uma sociedade que reconheça o valor intrínseco de cada indivíduo, independentemente de suas diferenças. As batalhas que travamos são em prol de uma inclusão genuína, na qual meu filho e todas as outras crianças e pessoas com deficiência possam não apenas sobreviver, mas prosperar em um mundo que celebra a diversidade e a singularidade de cada ser humano.

Espero que as pessoas que mergulharem nessas páginas possam ganhar uma visão mais profunda das lutas e dos triunfos que as famílias de crianças com deficiência enfrentam. Que possam ver além das aparências e das limitações, compreendendo que cada vida tem um valor intrínseco e uma história única a ser contada. Se eu puder tocar o coração de uma pessoa que enfrenta adversidades ou incitar alguém a não desistir, mesmo diante das maiores dificuldades, então considerarei como um triunfo. Minha esperança é a de que cada leitor encontre coragem e força em nossa história, para enfrentar seus próprios desafios, seja qual for sua natureza.

Que todas as pessoas se aproximem umas das outras, que se derrubem as barreiras que nos separam e que o entendimento floresça. Desejo que este livro possa ser uma ponte entre mundos aparentemente diferentes, mostrando que, no cerne de todas as experiências, há um desejo universal por amor, aceitação e realização.

No momento que ouvi as palavras do médico, senti como se o mundo tivesse parado de girar. O diagnóstico que eu nunca imaginei receber ecoou em meus ouvidos. Por um instante, todas as certezas que eu tinha foram substituídas por um abismo de incertezas. Sentada naquela sala de consultas, ao lado do pai, segurando meu filho nos braços, tudo o que pude fazer foi lutar contra as lágrimas que ameaçavam escapar.

À medida que o tempo passava, entre a rotina de um mundo de novidades não esperado, em que o meu sonho da amamentação se transformou em uma bomba de tirar de leite e uma sonda de alimentação para meu filho, de terapias diárias, consultas a médicos de várias especialidades, exames etc., uma sombra silenciosa começou a se infiltrar em minha alma. Era o luto por todas as expectativas que haviam sido enterradas sob a realidade complexa. A dor que eu sentia não era apenas por mim, mas também pela vida que eu havia imaginado para ele, uma vida livre das barreiras que, naquele momento, pareciam intransponíveis.

Houve momentos difíceis, em que eu olhava para meu filho e imaginava o que poderia ter sido, se não fosse pelas limitações que ele enfrentava. Foi difícil não o comparar às outras crianças de sua idade, observando suas realizações e marcos, enquanto meu próprio filho seguia um caminho único. Mas, assim como uma semente que brota em solo fértil, a tristeza que senti começou a dar origem a um novo entendimento. Percebi que o luto era uma parte essencial de minha jornada de superação, um passo necessário para aceitar a realidade e permitir que um novo sentido de propósito emergisse. Com o tempo, comecei a ver meu filho não como alguém que precisava ser "corrigido", mas como um ser perfeito em sua própria singularidade.

O luto se tornou uma ponte entre o que eu havia imaginado e o que estava realmente vivendo. Era uma jornada de aceitação, na qual me permiti sentir todas as emoções, enfrentar as perdas e, finalmente, emergir com uma nova perspectiva. No processo, descobri que o luto e a superação não eram opostos, mas, sim, fios entrelaçados da mesma tapeçaria que era a nossa história.

Aos poucos, porém, a perplexidade cedeu espaço a um desejo inabalável de aprender, de entender a condição de meu filho e de enfrentar o que quer que estivesse à nossa frente. Pesquisas tornaram-se minhas aliadas, enquanto eu mergulhava no vasto mundo da deficiência e da inclusão. Cada visita a médicos tornou-se uma oportunidade de aprendizado e adaptação. Aprendi a enfrentar discussões difíceis sobre terapias, tratamentos e intervenções. Cada passo adiante era uma chance de me tornar uma defensora incansável de meu filho, de lutar por cada recurso e oportunidade que ele merecia. A cada desafio que enfrentamos eu me vi fortalecer, tornando-me mais resoluta em minha determinação de criar um mundo inclusivo para meu filho. Cada pequeno progresso era celebrado com uma alegria intensa. Aprendi a abraçar as incertezas com a coragem de uma mãe determinada a construir um futuro brilhante para seu filho, independentemente dos desafios que a vida pudesse trazer.

Assim como a primavera segue o inverno, a inspiração começou a florescer dentro de mim, emergindo do solo fértil da aceitação e do amor incondicional que nutria por meu filho. Cada pequeno progresso que testemunhava, cada obstáculo que enfrentávamos, alimentava o fogo interno que me impulsionava a ir além, a lutar mais e a sonhar mais alto. Resolvi, então, fazer uma campanha de arrecadação pela internet, por meio da qual consegui 30 mil reais para uma reabilitação diferenciada no Chile. Foi incrível e o resultado, ótimo.

Por meio das conquistas de meu filho encontrei uma inspiração inabalável. Vi nele uma força que desafiava todas as probabilidades, uma perseverança que superava todas as adversidades. Cada pequeno avanço era uma vitória épica, um testemunho de que o espírito humano é mais forte do que qualquer limitação física ou mental.

Mas a inspiração não era apenas externa: ela se refletia em meu próprio crescimento pessoal. Eu me vi desafiando meus próprios limites, enfrentando medos e dúvidas com coragem renovada. Cada vez que eu encorajava meu filho a explorar o mundo ao seu redor, eu também estava me empurrando para sair da minha zona de conforto, abraçando a vida com entusiasmo renovado. E, à medida que nossa história se espalhava, percebi que a inspiração não estava apenas fluindo de mim para os outros, mas que também retornava em ondas de apoio e amor.

Percebo que nossa jornada de superação está longe de ter um ponto final. Cada página escrita até aqui é apenas uma pequena parte de um livro em constante evolução. Aprendi que a superação não é um destino, mas um caminho que percorremos todos os dias.

Deixo um lembrete de que todos enfrentamos batalhas invisíveis, que cada um carrega seu próprio fardo de desafios. Espero que este livro seja um farol de esperança para aqueles que enfrentam momentos difíceis, uma lembrança de que, mesmo nas circunstâncias mais sombrias, sempre há espaço para a luz. Se você é um pai ou uma mãe enfrentando dificuldades semelhantes, saiba que você não está sozinho (a). E se você é alguém que deseja fazer a diferença, lembre-se de que as pequenas ações de empatia e inclusão podem ter um impacto imensurável.

Que este livro seja uma lembrança constante de que a superação é uma jornada de altos e baixos, de lágrimas e risos, de desafios e triunfos. Convido você a carregar a mensagem de que o amor, a resiliência e a compaixão têm o poder de transformar as dificuldades em oportunidades, e as lágrimas em fontes de força.

“Transformamos obstáculos em degraus, lágrimas em sorrisos e desafios em triunfos. Somos a força que transcende qualquer deficiência.”

Juliana Prado

Luciano Fermino

Sou Luciano de Paulo Fermino, natural de Jundiaí (SP). Resido em Atibaia (SP) com minha família: Lilian Lucia Creato Leoni Fermino, minha querida esposa; e sua mãe, Natalina Creato Leoni. Tenho 49 anos e sou bancário há 15 anos, atuando como gerente de módulo.

Também sou escritor, palestrante e orientador para treinamentos e cursos de desenvolvimento pessoal, individual e em grupo. Sou coautor do livro Histórias Memoráveis: como pessoas comuns transformam fraquezas em forças.

lfermino04
luciano.d.fermino

19 AO ENCONTRO DA IDENTIDADE

Por Luciano Fermino

Em Brasília, às 19 horas, você está ouvindo "A voz do Brasil", ao fundo, a música "O Guarani". Recordações mil vêm à minha mente. Quantas vezes ouvi esse programa com meus pais e irmãos, pois ainda morávamos todos juntos? Tenho certeza de que você, leitor, se transportou para um momento de sua vida em que você passou por essa experiência. Como sabe, estou agora com 49 anos e já vivi boa parte da minha vida. Serão mais 49? Menos? Para dizer a verdade, isso não importa. O que realmente temos é o momento presente. Este que você está vivendo agora, ao me acompanhar.

De onde viemos? Por que estamos aqui, e para onde iremos? Essas são perguntas que comumente fazemos, e vamos alterando nossas respostas ao longo de nossas experiências neste mundo. Aos 7 anos, quando fazemos tais indagações, o que desejamos? Ah, leitor amigo, eu sei que você fez essas perguntas a si mesmo. Veja se você concorda comigo: nós buscamos identidade.

A expectativa e a ansiedade ao acompanhar a mãe fazendo um bolo que você iria levar à escola no dia seguinte, pois haveria uma festinha na sala de aula, com música e premiação para a melhor redação (a minha estava dentre as finalistas). Além disso, eu ia ficar perto da Lucimara, a loirinha de quem eu gostava – e acho que ela gostava de mim também. Mas não se trata do que ocorreu comigo; utilizo minha narrativa para que você, leitor, possa entender que eu, você, seu cônjuge, seus pais, seus filhos, seus amigos e os desconhecidos temos todos um ponto em comum: a vida. E, no fim das contas, são as experiências que vamos acumulando ao longo dos nossos dias que tornam gloriosos os momentos.

Mudei de escola e, assim, não mais vi Lucimara, o que me levava a divagar e sonhar com o dia em que a reencontraria.

É importante dizer que minha orientação religiosa e a de meus pais é cristã, mas sempre fui muito inquieto com relação a querer saber os mistérios da vida. E uma pergunta sempre veio à minha mente: o que é Deus? Após algumas buscas, minha mãe chegou ao espiritismo kardecista, eu tinha 8 anos.

Estudei com afinco e posso dizer que isso transformou a minha vida. O cenário econômico não era nada fácil naquele período; e, na crise de 1982, meu pai ficou desempregado. Foram tempos difíceis, mas sempre esperançosos. Nossa velha TV quebrou, e meus pais decidiram não mandar consertar o aparelho. Hoje, entendo como essa foi a melhor decisão, mas não enxerguei assim, na época. Então, eles se associaram à Biblioteca Municipal de Jundiaí, o que se tornou nosso passeio semanal para fazermos empréstimos de livros.

O mundo da leitura se descortinou para mim e para minha família. A biblioteca era o lugar onde podíamos ser reis e rainhas, heróis e vilões, desbravar terras e mundos espaciais, ir aonde nenhum ser humano jamais esteve (como em "Star Trek"). Eu poderia descrever inúmeras situações pelas quais passei naqueles três anos em que meu pai esteve desempregado, quando, raras vezes, ele conseguiu algum bico. Mas deixo a cargo de você, leitor, que pense em sua própria história. Como era a sua vida, ou a de seus pais – para aqueles que nem eram nascidos –, nessa época?

O ano de 1985 marcou o início da mudança. Troquei de escola. Você se lembra da escola em que conheci a Lucimara? Me desculpe, mas é melhor tirar já as suas expectativas: eu não reencontrei a Lucimara. Já estava na 5ª série, a minha 5ª E. Uau, 11 anos de idade! Fui representante de sala e...bom, me ajude e leia o capítulo 15 do livro *Histórias memoráveis: como pessoas comuns transformam fraquezas em forças*, para não eu não dar spoiler. Foi lá que conheci a Gleice, minha "namorada". Trocávamos presentes e estávamos sempre juntos, ao som do coro dos colegas: "Tá namorando, tá namorando.". Dentre os acontecimentos já relatados, seguiu-se o término do "namoro", ainda em 1985. Vê-la todos os dias e não estar junto... Será que foi por isso que me identifiquei com a vida de Peter Parker, o meu herói Homem-Aranha, amigão da vizinhança?

Passaram três anos. Chegamos a 1988 e a vida mudou outra vez. Comecei a estudar no período noturno. Aos 14 anos, fui estudar no Senai pela empresa metalúrgica em que meu pai trabalhava. Também me tornei evangelizador no centro espírita que eu frequentava. Vou dar uma pausa agora: e você, leitor? Como foi sua trajetória nesse período? O que você pensava sobre si mesmo? Como era sua relação com os outros? Já tinha aquele calor e ruborizava ao chegar perto do seu *crush*? Imagine, na época essa palavra não existia no Brasil, nessa conotação. Mas o sentimento, sim, existia. As festas, as músicas, o "po pe rô", as brigas com o pessoal do quartel... Abafa o caso, pois uma enciclopédia para relatar essa época é pouco...

Registro que a busca incessante dos 16 aos 17 anos me levou a ser batizado na igreja de mórmons, acompanhando meus avós, tios e primos. As observações desse período e de outros serão objeto de um futuro livro. Trata-se do hiato intenso de um ano bem-vivido, com experiências de convívio juvenil, como festas e acampamentos, que terminaram no retorno ao espiritismo, ainda com mais convicção, no ano seguinte.

Já estamos em 1991. Fui fazer o Ensino Médio no Senai de São Paulo, no Brás, época do início do namoro com a Adriane. Eram tantas as expectativas, uma energia avassaladora no auge dos meus 17 anos. O que relatei até agora é para que você, leitor, trace o seu paralelo. Como foram as suas próprias experiências? Eu sou muito grato a todas as pessoas, coisas e aos fatos que vieram até mim, pois são parte do que sou hoje.

Em 1998, a separação dos meus pais foi o início de um aprendizado. Logo em seguida, perdi o meu emprego na empresa metalúrgica em que ingressei em 1988, ao cursar o Senai. Tranquei a faculdade e terminei o meu noivado com a Adriane – um namoro iniciado em 1991. Como consequência desses últimos acontecimentos, sofri um acidente automobilístico, no qual bati meu carro em um poste e saí ileso, enquanto meu veículo teve perda total.

O que um cara com 24 anos de idade, depois desse turbilhão de emoções, poderia almejar? Confesso, a minha fé estava abalada. Eu entendo quem se diz ateu, como também os fanáticos religiosos. Todos somos pessoas buscando a sua própria identidade. Não se trata dos outros ou da sociedade, mas de si mesmo. Sabe o que me fez segurar a barra? Minha herança, que não era de bens materiais ou dinheiro, mas meu pai. O Sr. Vicente, o próprio – como ele mesmo diz. Um cara de bem com a vida, prático, sem frescuras. Nunca vi meu pai ter desavenças com quem quer que seja, esbravejar ou almejar mais do que ele mesmo estabeleceu para a própria vida. Sendo inteligente e desapegado das coisas, utilizava tudo o que tinha até o fim, para só então finalmente comprar outro. Nunca o vi ficar doente ou tirar atestado para não ir trabalhar. Jamais o ouvi comentar sobre a vida alheia. Eu falo que ele é o próprio personagem "Do Contra" de Maurício de Sousa. Se alguém é a favor de algo, ele é contra; se alguém é contra algo, ele é a favor. E se há alguma polarização, ele é neutro – mas sempre se contrapondo a quem se apresenta.

Minha mãe é a minha inspiração, uma guerreira imparável, que está sempre em movimento, inquieta mesmo. Dona de uma convicção memorável, vive na busca por vencer as dificuldades que ela mesma se impõe. O que o fogo e a água fazem ao aço? O tornam rígido e flexível ao mesmo tempo. Foram 24 anos sob essa têmpera. E agora o meu pai saiu de casa. Não há palavras para descrever o que senti. É um misto de medo, raiva, tristeza e inconformismo. Uma revolta com Deus, que me deu e tirou muito do que eu achava ser meu. No ano 2000, conheci o movimento da Seicho-No-Ie, e, em 2001, conheci a Lilian, aquela que vem acompanhando a minha trajetória, e que me viu tomar posse no Banco do Brasil, em uma transição de carreira, em 2007. Esse fato permitiu que nós nos casássemos, em dezembro de 2008.

No entanto, crenças e atitudes mentais de escassez me aprisionaram. Mudei de agências, de cargos, e aquele sentimento de não estar vivendo de forma plena me acompanhou até o ano de 2018. Procurei um *master coach*, meu amigo Ariovaldo Adriano Ribeiro. Confesso que eu estava num processo de baixa autoestima de dar medo. Fiz dois módulos com ele: Jornada Extraordinária e Jornada do Sucesso, e iniciei o que eu chamo de uma virada na minha vida, com as mesmas pessoas, coisas e fatos presentes. Fui ressignificando e entendendo o que quero e desejo para a minha trajetória.

Abaixo o positivismo tóxico, que te engessa e te faz pensar: "Um dia vai melhorar". Quando? E lhe respondo que, nessa atitude mental, nunca. Te aconselho, leitor: busque ajuda profissional. A gente acha que vai dar conta, mas não dá, por causa das crenças limitantes. Você acha que encontrou a causa, mas, vai por mim, viu apenas um lampejo da ponta do *iceberg* de sua própria ignorância.

Você faz uma análise que remonta a antes do seu próprio nascimento. Será que papai e mamãe te aceitaram quando receberam a notícia de sua vinda? Será que não ficaram aterrorizados com a possibilidade de falharem e não serem bons o bastante para você? Será que você agradeceu a eles por terem assumido a missão de te trazer ao mundo? Eu posso dizer que fiz a minha parte. Ver meus pais na primeira fila na festa de lançamento do meu primeiro livro, em 16 de julho de 2022, me traz ainda lágrimas de gratidão aos olhos. Via o orgulho em seus olhos por este garoto que, avidamente, lia volumes imensos de livros em anos anteriores; agora, ali à frente deles, assinando sua primeira obra, com o tema "Como pessoas comuns transformam fraquezas em forças". Essa sensação só será superada agora, ao receberem este exemplar.

Queridos leitores, vamos lá fazer o que será? Aguardo vocês no topo do mundo. Lá, a concorrência é menor! Até breve.

“

Toda mudança se processa de acordo com a sua vontade e o quanto você está realmente disposto a obter melhores resultados.

Luciano Fermino ”

Luzia Regina Oliveira

Sou Luzia Regina Oliveira, nascida em São Paulo, mãe do Lucas e do Enzo. Uma mulher negra que respeita sua ancestralidade. Educadora, terapeuta integrativa, neuropsicopedagoga clínica e voluntária em ações sociais.

Tenho uma história profissional na educação estadual paulista há 32 anos. A busca por entender as relações internas me levou a estudar Neurociência e as Práticas Integrativas e Complementares em Saúde (PICS), dentre outras formações voltadas ao autoconhecimento. Tais estudos revelaram um novo olhar da "educação para vida", o que me motivou a inspirar pessoas para transformarem suas vidas.

Escrevo este capítulo, acima de tudo, na esperança de desconstruir crenças limitantes e convido você a participar deste processo de transformação.

luziareginaoliveira.oficial
+55 (11) 99274-1216
luziaregina.oliveira@gmail.com

20 AUTOCONHECIMENTO: VALORES E ASAS

Por Luzia Regina Oliveira

Caro leitor,

convido você a relaxar, procurar um lugar tranquilo e sentir todo o amor que coloquei neste capítulo sobre minha vida. Folhear as páginas que tratam das minhas memórias enaltece as gerações dos meus ancestrais, a minha vida e a dos meus descendentes.

Minhas memórias ancestrais começam quando meu tataravô materno chegou ao Brasil trazido da África, em 1825. O escravo Candido Lázaro Costa se casou com a africana Beralda de Oliveira. Pouco sei da geração paterna, somente que meus avós eram moradores de Barretos, cidade do interior de São Paulo. Meus pais, Lourdes e Geraldo, se casaram, e sou a caçula de três filhos. Minha mãe, "meu amor eterno", caminhou comigo, trazendo muitos ensinamentos e o colo necessário. Meu pai, o mantenedor da casa, se mantém firme até hoje.

Nasci na cidade de São Paulo e morei no bairro Tucuruvi, na casa da avó Dinah. Nascida em 1910, minha avó era uma mulher além do seu tempo, e foi o espelho para a minha vida. Aos 4 anos, mudei com meus pais e irmão para Franco da Rocha, cidade onde o Hospital Psiquiátrico Juquery era mantido. Nessa cidade passei minha infância, adolescência e parte da minha vida adulta.

No quintal da casa da minha avó, e com a ajuda dela, aprendi a ler, a escrever as primeiras sílabas e a ver as horas no relógio analógico – relíquia para os nascidos no século XXI. Esse quintal era cheio de árvores, flores, plantas medicinais e gatos. Aprendi a conviver com a natureza, com o ronronar dos gatinhos e amava os chás que minha avó preparava. Eu brincava de professora, dizia ser professora dos gatinhos e mais aprendia do que ensinava.

Minha infância foi a de uma menina dedicada aos estudos – eu amava ler e declamar poesias na escola. Estudei no Grupo Escolar da Vila Bazu; depois, com a construção de uma escola enorme no bairro, passei a frequentar a Escola Professora Isaura de Miranda Botto. Minhas recordações são inúmeras em relação aos meus amigos da escola e às minhas professoras. Em casa, me lembro do cheiro de terra quando chovia, do rádio transmitindo "A Hora do Brasil" e "Zé Bettio", das quedas de bicicleta, da fuga dos gansos, do pega-pega, do esconde-esconde, das cirandas, dos carrinhos de rolimã e dos Natais em família. Ah, o cheiro de bolo saindo do forno...

Na adolescência, fui estudar na capital e em Mairiporã, cidade vizinha de Franco da Rocha. Logo, cheguei à fase adulta. Me casei; mas em pouco tempo, veio a separação. Estudei, me formei como professora de Português e Inglês e, depois, me tornei pedagoga. Aos 23 anos, entrei no magistério paulista. Com o tempo e os estudos, percorri os cargos de coordenadora pedagógica, formadora de professores e gestora escolar, seguindo para a supervisão de ensino. Confesso que ascender na carreira dentro da sociedade em que vivemos me trouxe muitos aprendizados, além de honra e força, que carrego da minha ancestralidade.

Na vida adulta, uma série de sentimentos afloraram em meu ser: tristeza, angústias, decepções e abandono. Nunca fui uma pessoa triste – muito pelo contrário –, mas carreguei um vazio e sentimentos incompreensíveis. O sonho da maternidade me deu cinco príncipes. Fui escolhida por Lucas e Enzo para ser sua mãe; cuidar, educar e, sobretudo, amar. Samuel, Daniel e João Pedro ocupam seus lugares com infinito amor.

Sempre busquei entender esses sentimentos. Procurei ajuda médica, psicológica, religiosa, filosófica e nada. A maternidade, a família, os estudos e o trabalho foram os focos na minha vida.

Você pode estar se identificando com a minha história de vida: uma mulher, mãe e profissional que cuida de todos, mas que tem um vazio incompreensível. Ou, você pode até pensar: conheço pessoas que vivem assim por anos e anos. Agora, vou contar como minha vida começou a se movimentar.

O casulo

Em 2017, em meio às atividades de trabalho, tive uma crise. Levada ao hospital, o médico foi taxativo, dizendo que eu teria de fazer algo por mim. Exaustão:

esse foi o diagnóstico. Será que ele tinha uma bola de cristal? Como sabia que, na minha vida, eu priorizava a todos, exceto a mim mesma? Sempre foi tão habitual cuidar do outro que eu não percebia o quanto eu deixava de me cuidar. Meu casulo sempre foi cheio de problemas alheios, com suas dores e queixas. E as minhas dores, onde ficavam? Na verdade, eu não reconhecia minhas dores e reais necessidades. Acho que, por algum tempo, me habituei a essa condição. Isso faz algum sentido para você?

Culturalmente, a doença é nossa inimiga. Entretanto, ao contrário do que muitos pensam, ela não é punitiva. A doença é colaborativa, nos proporciona reflexões e a busca por mudanças. Ela abre os nossos olhos e nos orienta rumo a atitudes mais assertivas. O corpo, por sua vez, nos dá sinais de que não estamos bem, mas permite que a doença chegue, para que possamos realmente buscar o que está faltando. No meu caso, o **autocuidado**.

Meus olhos se abriram; não foi mágica! Ainda com o sentimento de vazio, sobre o qual já comentei com você, resolvi tentar: eu não teria nada a perder! Era muito tempo vivido para os outros e, de verdade, eu não sabia como me cuidar. O autocuidado era novidade para mim. Não me refiro aos cuidados externos, como roupas ou higiene. A transformação pela qual passei para chegar ao processo de autocuidado interno só foi possível quando aprendi a olhar para dentro de mim, aceitando minhas qualidades e, principalmente, minhas fragilidades. É claro que enfrentar as fragilidades e buscar aceitá-las com amorosidade e respeito é um caminho longo, a ser exercitado diariamente. Ser vista como "forte e guerreira" na sociedade atual nos traz a errônea ideia de que está sempre tudo bem, e que não é preciso mudar. Fazer sempre tudo igual, agradar e servir é esperado das mulheres na cultura patriarcal. Não fomos ensinadas a valorizar nossas qualidades.

Um dos caminhos para o **autocuidado interno** é retirar as vendas dos nossos olhos e compreender que não estamos sempre certos, somos seres em aprendizagem nessa jornada, e suscetíveis a recomeços. Do autocuidado prossegui a caminhada em busca de conhecer algo que pudesse sustentar esse estado tão bom que eu tinha "aprendido" havia pouco tempo.

A partir da exaustão, em 2017, dei os primeiros passos em direção ao **autoconhecimento**. Meus sentimentos foram sendo ressignificados e acolhidos com amor e generosidade. Conheci e participei das vivências e da formação em Programação Neurolinguística (PNL) e Constelação Familiar Sistêmica (CF). Foram momentos intensos, como se o casulo me chacoalhasse para que as minhas asas despregassem do invólucro. Eu comecei a perceber as dores que sentia e como eu poderia reconhecer, compreender, ressignificar e honrar tudo isso. Então, passei a deixar ir tudo o que não fazia mais sentido para mim. Minha criança interior, aquela que precisava ser cuidada, acordou. Estava adormecida em meio a tantos fatos pouco compreendidos.

O entendimento da dor vivida, sem conhecer e compreender suas causas, deu espaço à busca pela cura da minha criança interior, por meio do "Cura-te a ti mesmo", do Dr. Bach. Aquela criança que não soube ocupar o seu lugar, que por muitas vezes esteve no papel dos seus pais, percebeu sua pequenez, honrou sua hierarquia e ocupou o seu verdadeiro posto.

Das asas da borboleta

No percurso, o casulo foi rompido ao movimento das asas da borboleta. É um momento único, em que a natureza nos ensina que tudo tem uma ordem: precisamos pertencer, ocupar o nosso lugar e ter equilíbrio: a borboleta se despede do casulo.

Entendi que a minha criança interior precisava de cuidados especiais e que esses cuidados cabiam a mim. A **autorresponsabilidade** nos ajuda a entender o nosso papel diante de nossas atitudes. Soube que para cuidar do outro eu deveria, em primeiro lugar, cuidar de mim de forma muito especial, com gentileza e amorosidade. Como as asas da borboleta em leve e contínuo movimento, eu cuido diariamente da minha criança interior. Ao ressignificar as fragilidades que todos nós temos, procuro encarar sem culpa cada episódio da minha vida. Aprendi a viver no aqui e agora; desprezando o que não foi gratificante no passado e aguardando o futuro, com equilíbrio e encanto.

Apaixonada pelo autoconhecimento, vieram os estudos na área da Neurociência e das Práticas Integrativas e Complementares, com foco no indivíduo integral – já que somos formados por corpo, mente e alma. Cada experiência vivida me ancora, verdadeiramente, na busca por quem sou. Foi cuidando física e emocionalmente da minha criança interior que hoje posso ajudar as pessoas a compreenderem suas dores. Assim como eu, as auxilio a cuidar de suas crianças, repletas de crenças que as limitam.

Tal qual a borboleta, aprendi a voar em meio ao autoconhecimento, que reflete a forma de nos vermos e conhecermos. Ele está relacionado ao modo como cada um vê suas qualidades, potencialidades e fragilidades. Essa é a forma mais pura de se autoconhecer, honrar e aceitar. Nenhuma borboleta conseguirá voar por muito tempo se não conhecer sua essência.

Honro todos os desafios vividos com amor e gratidão; reconheço e deixo ir tudo o que não me pertence mais, seja em relação às coisas ou pessoas. Essa forma de ver a vida me trouxe mais leveza, segurança, amorosidade, consciência e saúde. Minhas asas batem, com fé em Deus e no presente. Muitas pessoas carregam suas dores em silêncio, em nome de uma força que não precisamos ter. Supostos títulos como o de "guerreira" só nos limitam a não buscarmos cura para a dor da nossa criança interior.

Espero que esta história inspire você, que leu minhas memórias e observou a metamorfose ao longo destas páginas. As mudanças são inevitáveis, pois somos seres em evolução, totalmente responsáveis por nossa felicidade –que é interna e não depende dos outros. Exercite a gratidão, sinta-se pertencente, honre seus antepassados e busque o equilíbrio necessário.
Nada é por acaso: agora é com você!

Qual transformação você merece pôr em prática na roda da sua vida? Acolha a si mesmo, modifique e transforme: você é a pessoa mais importante do mundo!

“As mudanças são inevitáveis, pois somos seres em evolução, totalmente responsáveis por nossa felicidade.”

Luzia Regina Oliveira

Maiana Oliveira

Olá! Me chamo Maiana Pereira Oliveira, sou natural de São Joaquim (SC), mais conhecida como a "Terra da Neve".

Sou pedagoga especialista em Educação Infantil e Anos Iniciais e psicopedagoga clínica e institucional. Trabalho como professora na rede municipal de ensino e também na rede estadual, atuando como psicopedagoga no Espaço SuperAção.

Tenho 29 anos e, apesar da pouca idade, foram muitas as experiências vividas. Fui mãe bem cedo, mas, com certeza, isso foi o que me deu forças para lutar por um futuro melhor. Contra todas as adversidades, hoje tenho orgulho da pessoa e profissional que me tornei. Assim, vim compartilhar com você, leitor, minha história de superação, e dizer: "Jamais desista dos seus sonhos".

Quer me conhecer melhor? Me acompanhe nas redes sociais:

psicopedagogamaiana

mah_po029

+55 (49) 99126-9003

+55 (49) 99162-9845

maya.oliveira66@gmail.com

21 DESCOBRINDO O MEU PROPÓSITO

Por Maiana Oliveira

Com uma família estruturada e bastante unida, cresci em um ambiente agradável e feliz. Filha única, meus pais eram sempre presentes e preocupados com o meu futuro. Mantinham uma postura muito respeitosa, procurando não brigar na minha frente e sempre zelar pela família. Muito trabalhadores, eles adquiriram seus bens com muito esforço, o que valorizo demais e tomei por exemplo.

Tinha condições favoráveis e o apoio dos meus pais para estudar e ter um futuro próspero, mas não soube valorizar isso, por ter pouca maturidade e ser muito precoce. Aos 15 anos, tinha a mentalidade de 18, mas inconscientemente acreditava que, para ter uma vida feliz, precisava construir uma família: me casar, ter filhos e buscar viver bem, apesar de qualquer contratempo. Quando jovem, era orgulhosa. Não queria decepcionar meus pais e, muito menos, admitir que estava errada. Foi assim que, por longos anos, vivi experiências muito desagradáveis, pelas quais não precisava passar. E foi nessa perspectiva que fui mãe aos 15 anos.

A angústia pairava sobre os meus pensamentos: "Uma estudante que não havia terminado a 8ª série estar grávida! Como poderia cuidar de um bebê?". Foi então que resolvi assumir a missão de ser mãe. Parei de estudar e fui morar no interior. Sem nenhuma experiência de vida, me vi sozinha diante da maldade do mundo, que até então eu não conhecia. Precisei conviver com pessoas com valores diferentes dos meus e que agiam de forma divergente das minhas convicções, mas sempre mantive o pensamento de zelar pela família. Tentei aos poucos me adaptar, sem jamais perder a minha essência e tudo o que aprendi em casa.

Meus pais sempre estiveram presentes. Sem pestanejar, me ajudaram a cuidar do(a) meu (minha) pequeno(a) ainda no meu ventre. Sempre fui uma mãe preocupada e cuidadosa, seguindo todas as orientações dos médicos para manter o meu bebê bem. Segui, também, as instruções da minha mãe, e tive uma gravidez tranquila, apesar da situação.

Na época em que morava no interior, quando chovia, o carro não subia a estrada de terra. Não havia luz elétrica e nem banheiro, apenas "patente" e chuveiro de campanha, que é um balde de alumínio com um registro para sair a água. Então, era necessário esquentar a água no fogão antes de usá-la. Foram anos difíceis, sem dinheiro, em que o cafezinho tinha apenas pão e mel. Mas sempre fui otimista: esperava mais do futuro e queria muito viver para criar meu(minha) filho(a), que estava a caminho.

A cada ultrassom, via aquele(a) pequeno(a) crescendo e, a cada mês que passava, meu amor só aumentava. Descobri que era uma menina ainda com 3 meses, e logo dei a ela o nome de Manuela: minha Manu. No meu coração, tinha a certeza de que Deus havia me confiado essa filha, de quem eu ia cuidar com todo o meu amor. Fui desacreditada por muitas pessoas, que achavam que eu não conseguiria cuidar de um bebê, e que eu seria mais uma, em meio às tantas mães adolescentes, que abandonavam o filho para os avós criarem.

Mas contrariei as estatísticas. Foram cinco anos em que pude vivenciar todas as fases da vida da minha filha e me dedicar inteiramente à sua criação. Fico muito feliz em ter deixado diversas lembranças positivas de nossas brincadeiras e aventuras; portanto, não me arrependo de ter separado esse período da minha vida para cuidar dela – mesmo sem ter consciência disso na época. Nesse mesmo período, por motivos que não cabiam a mim, saímos do interior e voltamos para a cidade. Fui morar na casa dos meus avós por alguns anos, já que eles residiam no interior e a casa estava vazia.

E foi assim que o rumo da minha história começou a mudar. Consegui o meu primeiro emprego como monitora de ônibus escolar, ganhando cem reais por mês. Então, coloquei a minha filha na escola no período da tarde; todos os dias, ela fazia o trajeto do ônibus comigo, me ajudando a cuidar das crianças menores. Como no horário de almoço estávamos dentro do ônibus, ela almoçava ali mesmo, com todo o cuidado para não sujar o uniforme. Nesse meio-tempo, por incentivo dos meus pais e determinação da minha mãe, voltei a estudar no

Supletivo. Assim, descia do ônibus direto na escola, eu e Manu – que terminou o Ensino Médio comigo e ganhou até certificado de mascote da turma. Naquela época, confesso que não fazia ideia da importância do estudo e de como ele poderia mudar o meu futuro. Terminei o Ensino Médio com a expectativa da faculdade, mas ainda estava relutante quanto à decisão de iniciá-la. Tirei também a primeira habilitação.

Algum tempo depois, surgiu uma nova oportunidade na mesma empresa, e comecei a trabalhar como atendente, permanecendo nessa função por oito anos. Foi um degrau muito importante na minha caminhada, pois com esse trabalho pude dar início ao sonho da faculdade – que ainda parecia tão distante. Na minha cidade, não havia instituições de Ensino Superior, apenas na cidade vizinha, que ficavam a 80 km de distância. Me inscrevi em alguns vestibulares e iniciei o curso de Administração *on line*, mas não me encaixei, por não ser muito habilidosa com exatas. Posteriormente, fiz um novo vestibular em uma universidade semipresencial e passei. No mesmo dia, fui até a secretaria para me informar sobre o processo de matrícula e os valores, pois não sabia como iria pagar. Foi então que, chegando lá, presenciei a realização da matrícula de uma senhora de 64 anos, superanimada para começar. Naquele momento, eu ainda estava pensando em apenas me informar, mas vendo aquele exemplo de superação, não tive dúvidas: fiz a minha matrícula em Pedagogia (Licenciatura).

Segui os passos da minha mãe, professora há mais de 20 anos – apesar de ela me indagar se eu tinha certeza do que queria, já que ela sentia na pele a desvalorização da profissão. Certeza eu não tinha, mas assim que comecei a estudar eu me apaixonei pela Educação. Logo, me inscrevi para uma bolsa de estudos e ganhei.

Por conta da aplicação de um projeto em contrapartida a essa bolsa de estudos, dei minha primeira aula, que foi a melhor da minha vida. Entendi que aquele era o meu lugar, no qual sempre poderia vivenciar experiências novas – pois aquele tipo de trabalho monótono e que não te instiga, não existe em uma sala de aula feliz. Durante a faculdade, chegava tarde em casa e saía muito cedo para trabalhar. No inverno, as temperaturas são abaixo de zero e viajar se tornava um desafio, por conta do asfalto congelado. Assim, foram quatro anos de muito esforço e dedicação, que hoje são recompensados por esse trabalho que tanto amo e no qual encontrei o meu propósito.

Durante essa trajetória na área da Educação, tive a oportunidade de trabalhar com Ensino Fundamental II, Anos Finais; Educação Infantil; Ensino Fundamental I, Anos Iniciais; Alfabetização de Jovens e Adultos; e Educação Especial – também chamada de segundo professor. Cada uma dessas áreas de atuação marcou a minha vida profissional de forma diferente e me revelou qual era a minha preferência como educadora. Dessa forma, decidi me dedicar aos Anos Iniciais (alfabetização), já que eu sou muito imediatista e me realizo em ver o progresso de cada aluno no decorrer do ano letivo. Com isso, foi aberto o concurso do Magistério pelo município onde nasci e continuo residindo. Estudei muito e passei como professora de Anos Iniciais. Demorou algum tempo e fomos chamados; com muita emoção, escolhi minha vaga na escola que vi ser construída, na comunidade onde cresci, e da qual minha mãe foi a primeira diretora.

Ainda tinha muito o que aprender, mas naquela escola eu estava em casa: conhecia os alunos, os pais, e grande parte dos profissionais. A direção foi peça fundamental no meu desenvolvimento como profissional, pois recebi todo o amparo necessário para progredir e pude fazer um trabalho impecável no meu primeiro ano de estágio probatório.

Assim, ao longo dos anos, fui desenvolvendo técnicas de atuação em sala de aula, e também fora dela, na aplicação de projetos pedagógicos e sociais, mas sempre procurando me aprimorar por meio do estudo. Ainda na sétima fase da faculdade, iniciei a pós-graduação: uma especialização em Educação Infantil e Anos Iniciais. Posteriormente, realizei o sonho de fazer Psicopedagogia Clínica e Institucional para atuação em clínica, atendendo crianças e adolescentes com dificuldades de aprendizagem, priorizando aquelas famílias que não têm condições financeiras e colocando em prática um desejo antigo de criar o espaço SuperAção.

Dessa forma, fui me apaixonando cada dia mais pela educação e pelo anseio de informar as pessoas sobre esse assunto tão importante nos dias atuais. Assim, a editora Chave Mestra me encontrou e me convidou para contribuir com a escrita do livro *Além da lousa* – algo que sempre almejei, mas que não esperava no momento. Não sei se foi o destino ou obra divina, mas foi uma honra participar da criação desse tesouro literário com o tema "Educador Mão na Massa". Uma oportunidade única que me proporcionou novas experiências, mas, principalmente, me deu a certeza de que estava no caminho certo.

Sou muito feliz por tudo o que construí ao longo da minha jornada, e tenho a educação como alicerce. Foi nela que encontrei forças para superar todos os percalços em meu caminho. Portanto, nunca desista de seus sonhos. Eles podem ser adiados pelas circunstâncias da vida, mas jamais perca-os de vista, não importa a sua idade. Tenha a certeza de que quem prospera sempre alcança, e eu sou prova de que o estudo pode, sim, mudar o rumo da sua história e te levar a realidades que antes pareciam tão distintas. Seja o melhor naquilo que faz e nunca se contente com o mínimo. Fique onde é bem-vindo, mas, principalmente, onde se sente bem.

Dessa forma, encerro o capítulo do meu segundo livro com muita emoção, pois inspirar outras pessoas com a nossa própria história é algo muito gratificante. Sei que ainda tenho muito a aprender, além de sonhos a realizar. Sei também que, às vezes, nos vemos sem perspectivas. Mas não se esqueça de lutar com muita fé e agradecer a cada degrau. Lembre-se: apesar das controvérsias, é possível superar todos os obstáculos.

“

As experiências vividas lapidam o caráter de um bom aprendente.

Maiana Oliveira ”

Millena Cavalcante

Herdeira do Reino de Deus, neta de vaqueiro, índia desaldeada. Nasci em Juazeiro (BA), onde resido até hoje. O sangue pernambucano corre nas minhas veias, pois meus pais e boa parte da minha família são de Pernambuco. Sou filha mais velha e mãe, meu filho tem 10 anos.

Empresária e psicanalista, atuo em ambas as carreiras com muito amor e dedicação. Millena significa graciosa, senhora soberana, vidente, a pura que reluz. Me aprofundando ao significado do meu nome, fiquei mais vigilante aos ataques e fortaleci minha autenticidade.

Te convido a descobrir o significado do seu nome, pois a sua identidade, seu propósito e chamado estão muito associados ao seu nome. Quero te inspirar, neste capítulo, a despertar o poder de ser você mesmo. As histórias curam. Qual história você conta da sua história?

millenacavalcante

millaliima90@gmail.com

22 UM RESGATE DA REAL IDENTIDADE

Por Millena Cavalcante

Liberdade é uma palavra que grita nos corações. Quantos de nós tomamos decisões para alcançar a liberdade? Com 11 anos eu já "malinava" no carro do meu pai. Ligava e desligava o veículo e sabia a ordem das marchas. Os sinais eram claros, e o meu apelido era pimentinha, na escola. Com 12 anos, já era professora de catequese para crianças entre 4 e 6 anos. Sempre muito confiante e autêntica, dizia que seria professora e cantora.

A vida me pegou de surpresa com a separação dos meus pais. Que dor sem fim. Foi o momento da vida em que provei o gosto do ódio. Meu brilho já não era o mesmo. Com 13 anos, comecei a namorar escondido, e passei quase um mês sem falar com meu pai, pois estava revoltada demais. Não aceitava a separação, já que eles formavam o casal perfeito aos meus olhos. Com 15 anos, me casei com autorização judicial dos meus pais e saí de casa em busca da liberdade, do conto de fadas. Com temperamento forte e sempre muito decidida, meu foco era estudar e cuidar do meu lar. Assim, não vivi minha adolescência e tinha fama de careta, pois era a "certinha".

Logo, começou a autocobrança sobre qual profissão ia exercer. Passei em vários vestibulares, mas minha primeira faculdade foi a de Ciências Econômicas. Já tinha até um emprego garantido em um escritório. Me identifiquei com o curso no quesito planejamento, organização e finanças, mas esse ainda não era o meu lugar. Fiz boa parte do curso, mas comecei a sofrer abuso psicológico do meu "companheiro", que já dava sinais de não aceitar meus estudos. Nas discussões, perdi cadernos e livros, pois foram queimados. Decidi, então, trancar o curso, e continuei fazendo cursinhos pré-vestibulares. Estava sempre à frente dos grupos de casais da igreja. Sempre tive sede de evoluir, e o sonho do casamento, da família, segundo o coração de Deus, sempre bradou em meu coração.

Engravidei com 19 anos, mas minha filha faleceu na minha barriga. Sobre essa superação, entrarei em detalhes em um próximo livro. Depois de quatro anos, engravidei do meu filho Diego. Deus me honrou com sua chegada nesse mundo. Ele veio com a força que faltava para eu ser quem sou hoje.

Dando sequência aos estudos, iniciei o curso de Enfermagem. E, muito em breve, veio o divórcio. Foi encerrado um ciclo de 13 anos de relacionamento, uma fase muito delicada. Minha decisão de não aceitar mais traições, agressões e seguir com meu filho não foi aceita por todos. Eu tive que ser forte para me manter firme nessa escolha, em busca de liberdade e paz. Felizmente, eu já vinha fazendo terapia – ganhei de presente de uma amiga a primeira sessão. Com as sessões de terapia, consegui encontrar minha criança inocente e ferida, e fui desconstruindo as disfuncionalidades do mundo, o que acessou meus comportamentos e, consequentemente, minha identidade.

Com um panorama financeiro abalado, pois agora era apenas uma estudante, sempre vendia algo na faculdade. E, para a glória de Deus, vendia muito bem. Porém, a perseguição psicológica que eu tive que enfrentar com o divórcio me trouxe um diagnóstico de esclerose múltipla. Passei por vários neurologistas, e um deles me encaminhou para fazer um exame em Recife. Fiz esse exame com muita fé, convicta de que eu não tinha nada, era apenas esgotamento emocional. Levei mais de 360 choques na face para, depois, o médico mandar eu arranjar um parceiro e namorar, pois eu era muito nova para ficar sozinha. Voltei no avião numa felicidade sem fim. Graças a Deus o diagnóstico foi anulado.

Quase na metade do curso de Enfermagem, tranquei a faculdade, pois não me identificava mais. Pedi transferência para Nutrição, que eu achava ser meu sonho. Sempre gostei de cuidar do meu corpo e da minha alimentação. Em 2018, decidi investir em uma empresa de multinível. Divorciada e com um filho de 4 anos, iniciei uma nova jornada, com sangue nos olhos. Me tornei líder da empresa, treinadora e referência na posição que eu exercia. Mergulhei nisso e tranquei a faculdade: ou trabalhava ou estudava. Não tinha tempo para cuidar do meu filho e nem para a minha família. Meu mundo se resumia ao trabalho. Viajava demais e não tinha mais minha rotina predileta e tão sonhada. Paguei um preço alto por isso.

Em 2021, tive um dos encontros mais poderoso com Deus. Passei uma noite em claro esperando Jesus me mostrar o que eu não estava conseguindo ver. Ouvi barulho de espadas de anjo. A batalha espiritual era muito grande. Me arrastava no chão, meu corpo não conseguia se levantar. Lembro que eu só queria ouvir o Salmo 91, e nem forças eu tinha para ligar a TV. Mas, de repente, eu comecei a ver e ouvir... As visões escorregavam na parede, uma por uma, etapa por etapa, e todo o oculto foi revelado naquele momento.

E como seguir no silêncio? Logo eu, uma comunicativa nata, tive que trabalhar a sabedoria do silêncio. Soube que minha rota foi mudada e que a coragem e a fé seriam minhas únicas companheiras dali em diante. Para muitos, fui considerada louca e ignorante, e meu silêncio e meu sorriso foram meus maiores gritos de gratidão. Precisei me desconectar de pessoas que moravam no meu coração. Tive, também, que colocar um ponto final em vários relacionamentos. Éramos eu e Deus, mais ninguém. Me sentindo despreparada, frágil e vulnerável, decidi confiar em ouvir a voz de Deus. Assim como é dito em Mateus 6:6, precisei ficar no meu esconderijo secreto. Meu filho estava com minha mãe e meus irmãos, e eu em minha casa, jejuando e orando.

Deus me revelou as conexões certas para me direcionar até meu propósito, que já estava claro; porém, diante da dor da minha alma, eu precisava das pessoas certas naquele momento, para me fortalecer. As contas não esperam, e eu continuava trabalhando e estudando; no entanto, agora já era meu CNPJ em jogo. Todo o meu recomeço foi construído no silêncio, só que, dessa vez, muito mais perto de Deus. Me permiti viver esse momento de cura longe da parentela (foram, exatamente, seis meses profundos). Mas, mesmo distante da minha família, eu sentia as orações de todos eles. Um dia, eu senti a oração do meu pai de modo tão forte que Deus falou com ele do que eu estava precisando. Eu e milhares de brasileiros passamos por dificuldades financeiras durante e após a pandemia. Eu estava em uma situação na qual precisava escolher se abastecia o carro ou ia ao mercado. Então, decidi abastecer o carro e ir comer na casa de mainha naqueles dias.

Quando cheguei na porta da casa dela, meu pai me entregou uma quantia em dinheiro. Ele estava desempregado e tinha acabado de receber um valor referente aos seus direitos. E então me disse algo que carrego comigo para sempre: "Não há quem tenha tão pouco que não tenha nada a oferecer". Logo depois, decidi morar com minha mãe, meus irmãos e meu filho – meus grandes motivos. Minha família é muito amada; mesmo com meus pais divorciados, existe união, respeito e uma ressignificação de liberação de perdão. E sabe aquela noite, em que tive meu momento com Deus? Ele me pediu para ser instrumento de cura através da minha fala, e que meu momento havia chegado. Eu deveria confiar que Ele iria me impactar, e que pessoas estavam me esperando. Eu me via em uma sala branca, muito bem-vestida. Havia muita paz naquele lugar e, de longe, eu via um microfone. Deus, quando te chama para fazer algo, é porque Ele conhece sua capacidade. E que privilégio ser guiada pela promessa! É como olhar placas na estrada.

Chegou a hora de eu me especializar e mergulhar no caminho que me curou. Encontrei a psicanálise com fundamentos cristãos. Hoje, sou uma profissional da área da saúde mental. Sou psicanalista clínica, atendo meus pacientes com muito carinho, dou palestras e sou instrumento de cura por meio da escuta com amor, pela livre fala. A psicanálise busca explorar o conteúdo inconsciente da nossa mente para incluir melhorias reprimidas. O propósito me perseguiu e me encontrou. A evolução do ser humano está na capacidade de aceitar, honrar e respeitar cada pessoa que chegou em sua vida. Tudo o que acontece na sua trajetória é a única coisa que poderia acontecer, assim como tudo termina quando tem que terminar. E, se você achar que está atrasado ou adiantado, e isso te incomodar, pergunte a si mesmo se é tempo de acelerar ou desacelerar.

O que quero dizer é que não há idade e nem tempo segundo a lei dos homens. Quando Deus determina o tempo, no tempo d'Ele será. Eu enxerguei minha real identidade no tempo perfeito de Deus. A sua verdadeira identidade não tem a ver com você, mas com um propósito muito maior, uma missão. E não serão bens materiais ou outros artifícios que te farão mais poderoso. Sem você, as coisas não passam de ferramentas ilimitadas. A sua identidade não pode estar associada a bens, profissão ou marcas, ela deve estar relacionada ao seu propósito de vida. Só assim você encontrará as ferramentas necessárias para vencer suas batalhas. É sobre o seu potencial interno: seu caráter e seus valores; desse modo, você será digno de suas vitórias. O temor a Deus é o princípio da sabedoria.

E quando você se perder no caminho, poderá dizer: "A minha identidade está perdida, minha autoestima está baixa". Quando você se perder no meio do caminho, encontre sua criança, pois ela não tem influência alguma da sociedade. Ela está totalmente na essência de Deus, e deve brilhar. Não deixe que nada invalide a sua essência. Você tem dons e talentos. Visite seus sonhos, tire-os da gaveta! Permita que sua ficha caia! Você tem um Deus que é o conceito da sua vida. Saiba que toda conquista requer um sacrifício, e não é possível celebrar uma conquista sem abrir mão de algo. Medite agora, em Salmos 111 e Provérbios 9. Seja específico e mensurável em suas orações, exerça o governo da sua alma. Paramos de julgar quando entendemos que esse não é o nosso papel: nosso papel é evoluir.

Gostaria de receber o seu *feedback* após essa leitura. Portanto, peço que me marque nos seus stories. Isso alegrará muito o meu coração! Receba o meu abraço de alma!

"Nascemos com a identidade para sermos agentes de transformação no mundo, pois o nosso fabricante já nos aperfeiçoou com muito sacrifício."

Millena Cavalcante

Míriam Avelar

Meu nome é Míriam Avelar, nasci em Goiânia (GO), morei na Flórida (EUA) por volta de 10 anos e retornei para a minha terra, onde vivo com meu esposo, Leonardo Avelar. Temos quatro filhos: Murilo, Marcela, Mateus e Mariana.

Sou professora universitária há 13 anos, graduada em Pedagogia, graduanda em Psicologia, especialista em Psicopedagogia e Educação Inclusiva, com mestrado em Educação. Em meio aos estudos e às atividades na área da educação, sempre busquei conciliar filhos e trabalho, pois ser mãe sempre foi algo muito desejado por mim. Tenho muitas histórias para contar! Neste capítulo, trago uma que marcou muito a minha vida e acredito que marcará também a sua.

Com humildade e carinho, dedico as linhas aqui escritas a você, que por algum motivo está com este livro em suas mãos.

psicopedagogamiriam

+55 (62) 99252-8514

miriamgomes4m@hotmail.com

23 "QUEM PARIU MATEUS QUE O BALANCE"

Por Míriam Avelar

A questão que quero tratar aqui não é quem pariu, mas onde pariu. Eu posso responder o ditado dizendo que eu pari Mateus, disso tenho certeza. Segundo a tradição, tal dito popular originou-se na má escolha que Jesus fez ao trazer para seu time de apóstolos o cobrador de impostos Mateus. Particularmente, nunca vi Jesus fazer uma má escolha, mas respeitarei a tradição que se arrasta há anos. Atribui-se também à origem do ditado o costume machista recorrente que entende ser a mãe a única responsável pela tarefa de cuidar dos filhos. Um fato triste, mas real.

Dito isso, vamos ao que me trouxe aqui: onde Mateus nasceu. Pela orientação meramente humana, ele teria nascido em um pequeno hospital público, situado nas imediações de Miami, nos Estados Unidos, que atendia, em sua maioria, mães moradoras de rua em situação de absoluto abandono. Se tivesse que ser assim, assim seria. Não murmuramos. Mas, pela orientação e atuação sobrenatural, Mateus nasceu em um ambiente totalmente oposto. Falarei disso mais adiante.

Nos programamos para termos três filhos. Ainda morando no Brasil, tivemos Murilo e Marcela, mas a chegada do terceiro, Mateus, seria já em terras norte-americanas, uma vez que nos mudamos para lá em 1995 e ele chegou em 1998. Meus primeiros dois partos foram cesáreas. Tentei o parto normal até o momento permitido pelo médico, mas não apresentei dilatação ou contração alguma. O médico decidiu pela cesárea, e não pude esperar mais.

No Brasil é mais flexível, e até normal, que a mãe escolha o tipo de parto que deseja. Porém, nos EUA não é assim. A cesariana só é uma opção quando a mãe ou o bebê correm risco de vida. Sabendo disso, nos munimos de documentos, exames e até mesmo conseguimos uma carta de meu obstetra na época, explicando que eu não poderia ter um parto normal e que a cesariana seria a única opção; caso contrário, eu poderia ter uma hemorragia e ir a óbito. Fomos orientados a buscar um médico que aceitasse fazer uma cesárea recebendo o valor por fora, pois ainda não tínhamos um plano de saúde vigente. Encontramos o tal médico, e estava tudo combinado e pago antecipadamente, até ele nos perguntar: onde será o parto? Eis a questão! Faltava esse pequeno detalhe. Mas descobrimos que Deus cuida não apenas dos grandes feitos, como abrir o Mar Vermelho, mas também a porta do local onde nosso filho nasceria.

Como tudo caminhava bem, a gravidez, o médico e nossa vida longe do Brasil, pensávamos que tudo seguiria assim e continuamos funcionando no "piloto automático", apenas monitorando tudo tranquilamente. Mas o tempo passava rápido e ainda não tínhamos o local onde o parto ocorreria. Então meu marido, que na época estudava no seminário teológico e se preparava para ser pastor batista, comentou com o reitor do seminário norte-americano sobre a nossa situação, que começava a se tornar um pouco preocupante. Minha barriga crescia, as semanas passavam e nada de maternidade ou hospital para o Mateus nascer. O reitor indicou um capelão brasileiro que trabalhava no Jackson Memorial Hospital, em Miami, para que nos ajudasse nesse desafio. Rapidamente, meu marido fez uma ligação e entrou em contato com o local. Ao explicar a nossa situação em detalhes, ouvimos do tal capelão, de quem não recordamos o nome, sugerir que eu desse à luz ao Mateus no Camillus House, em Miami.

O ano era 1998, meu marido trabalhava como motorista de caminhão de uma empresa de *iced tea* (chá gelado) e estudava à noite. Por fazer a rota de Miami e imediações, ele conhecia bem a região. Então, em um primeiro momento, preferiu pensar que poderia encontrar outro lugar mais próximo e não tão concorrido para que o nosso filho nascesse. Colocamos a questão diante de Deus em oração e descansamos. Reconheço minhas falhas e digo que não foi fácil descansar, pois o tempo passava. Me via ansiosa algumas vezes, mas Deus é tão maravilhoso e misericordioso que me deu um sinal de que tudo daria certo. Tive um sonho sem imagens; apenas ouvi a voz de Deus, uma voz linda que entrou de forma agradável e profunda nos meus ouvidos, dizendo: "Fique tranquila, minha filha! Eu cuidarei de tudo!". Essas poucas palavras foram suficientes para que eu acordasse com a certeza de que Ele interviria. Fiquei esperando a intervenção de Deus, agora descansando n'Ele..

Os dias passavam sem nenhum sobressalto, até que meu esposo recebeu uma notícia da empresa em que trabalhava, o informando que sua rota usual em Miami seria trocada apenas no dia seguinte, para que ele substituísse um motorista da rota de Boca Raton, cidade situada mais ao norte. Isso não significava nada de especial, pois eram rotineiras tais mudanças. Na manhã seguinte, trabalhando em Boca Raton, meu esposo avistou o Boca West Hospital, na região oeste da cidade, e sentiu em seu coração o desejo inesperado de tentar uma vaga para que o Mateus pudesse nascer ali.

Havia chances reais de que isso acontecesse? Quase zero! Mesmo assim, ele parou seu caminhão no estacionamento do hospital e caminhou até a recepção. Esse é um hospital de origem judaica, não tenho certeza se é de linha ortodoxa ou messiânica, mas é uma instituição respeitada, muito bem-conceituada e que atende a população de Boca Raton, considerada uma das elites dos EUA. Com o número da senha em mãos, ele aguardou pacientemente. Ao ser chamado, foi atendido com gentileza por uma senhora de cabelos curtos e grisalhos. Então, explicou a ela a nossa situação envolvendo o risco de um parto normal e disse que já tínhamos o médico para fazer o parto, faltava apenas o hospital. Então ela perguntou, sorrindo: "Qual é o seu plano de saúde, senhor?". Ao responder que não tínhamos plano algum, ela, cerrando os lábios e abrindo bem os olhos em direção ao meu esposo, disse: "Sinto muito, senhor. Não posso fazer nada por vocês neste momento. Tenha um bom dia!". Em seguida, olhando para as cadeiras do fundo da sala de espera, chamou a próxima senha.

Cabisbaixo, mas conformado, meu esposo retornou ao seu caminhão quando Deus colocou em seu coração o desejo de retornar e tentar novamente, e disse em voz audível em meio ao jardim do hospital: "Como assim? Senhor, acabei de receber um "não" educado, mas definitivo, sobre o assunto do qual vim tratar... não dá! Mas retornarei em obediência a Ti". E retornando pelo mesmo caminho, com uma nova senha em mãos, foi chamado novamente. Ao se aproximar do guichê e se sentar, percebeu que a mesma senhora do primeiro atendimento seria a responsável por esse segundo. Imediatamente, olhou fixamente nos olhos dela e pediu que permitisse que ele explicasse em detalhes não apenas o lado médico da situação, mas sobre nossa ida para os EUA, nossa origem, o chamado ministerial e tudo o que envolvia o conceito de Deus e família para nós.

Após ouvi-lo atentamente, a mesma senhora grisalha, em silêncio, deslizou suavemente sua cadeira para trás, onde havia um corredor, e sinalizou para que alguém se aproximasse. Perto dela, veio uma moça com uma prancheta na mão. Depois de escutar atentamente as instruções daquela senhora, olhou para meu esposo e sorriu delicadamente. Em seguida, desapareceu para reaparecer ao lado dele se apresentando como assistente social do hospital e convidou-o a segui-la até uma outra sala, para que preenchesse toda a papelada de registro com os meus dados, pois o Mateus nasceria ali. Nosso pedido tinha sido aceito. Sem saber o que dizer ou fazer, meu esposo olhou novamente para a senhora que o atendera e a viu acenando com um tchauzinho e sorrindo. Escrevo aqui uma frase de cada vez, pois as lágrimas, 25 anos depois, ainda brotam em meus olhos. Que milagre! Que gratidão a Deus! Milagres acontecem quando você se dispõe a fazer a vontade de Deus. Simples assim!

Sabe de uma coisa? Mateus poderia ter nascido onde mães moradoras de rua são acolhidas, em casa, num barraco ou num palácio, sem problemas. Não é este o ponto que me leva a escrever aqui. O que inunda nosso coração é ter tido a oportunidade, o privilégio e a alegria indescritível de ver Deus cuidando de detalhes por nós, quando, na verdade, já tínhamos quase decidido seguir a indicação do capelão. Encerro citando um versículo e um fato interessante. Diz a Bíblia em Efésios 3:20: *"Aquele que é capaz de fazer infinitamente mais do que tudo o que pedimos ou pensamos, de acordo com o seu poder que atua em nós"*.

Três anos depois, sem nem sequer pedirmos ou pensarmos, ao chegar Mariana, nossa caçula, meu esposo já tinha concluído seus estudos e exercia o pastoreio de uma igreja. Eis que adentrei os corredores do Holly Cross Hospital, em Fort Lauderdale, na Flórida, para dar à luz por meio de uma última cesariana. Apesar de a igreja americana ter dado entrada em nosso plano de saúde, ele ainda não tinha sido liberado. Mas, enquanto estava sendo empurrada em uma maca para o centro cirúrgico, o pastor de missões, Paul Washer, entrou correndo com uma folha na mão, gritando: "O plano vai cobrir, vai cobrir!". Aos "45 minutos do segundo tempo", Deus nos surpreendeu mais uma vez com Sua graça e misericórdia, as quais não merecemos.

Te convido a buscar ouvir a voz de Deus em meio a tantas vozes neste mundo. Ele segue falando e sussurrando para que tentemos novamente, que caminhemos de volta por onde viemos cabisbaixos, machucados e desanimados. Que permitamos que Ele nos surpreenda com tanto amor e cuidado, independentemente da fé que professamos ou da nossa história de vida.

Quem pariu Mateus? Fui eu, Míriam. Quem cuidou de tudo? Deus. Hoje, Mateus (que significa presente de Deus) é um belo rapaz de 25 anos de idade, arquiteto, solteiro, ciente e consciente de onde veio, quem se tornou e para onde vai.

> **Te convido a buscar ouvir a voz de Deus em meio a tantas vozes neste mundo.**
>
> Míriam Avelar

Mirian Ferreira Lopes Maciel

Meu nome é Mirian Ferreira Lopes Maciel, sou natural de Caxambu (MG), e resido com minha querida família em Itanhandu (MG). Sou casada há 25 anos com Rodrigo Santos Maciel e tenho uma filha, a Débora Lopes Maciel.

Sou técnica em contabilidade e modista. Tendo feito vários cursos de corte e costura, trabalhei por alguns anos fazendo roupas personalizadas e costura fina. Também, sou bacharel em Direito e pretendo me especializar em algumas áreas com que me identifico.

Tenho prazer em cuidar do meu lar: administrá-lo, limpá-lo, organizá-lo e preparar refeições. Minha maior paixão é cozinhar.

eu_venci_anorexia

+55 (35) 99963-2076

Eu venci anorexia

mirianlopesmaciel@gmail.com

24 EU VENCI A ANOREXIA

Por Mirian Ferreira Lopes Maciel

Na manhã do dia 1º de novembro de 2016, acordei me sentindo muito mal. Já fazia dois dias que estava com vômito, diarreia e não conseguia me alimentar. Tinha uma consulta com um psiquiatra que cuidava da minha depressão havia algum tempo, e minha mãe insistiu com o médico que eu precisava de uma internação, pois estava muito fraca. Ele, então, escreveu uma carta recomendando internação por dois dias. Ainda no consultório, ao tentar me levantar da poltrona, não conseguia firmar o pé no chão. Tive que ser carregada dali até o carro.

Fui levada ao hospital da cidade vizinha. Chegando ao pronto-atendimento, fui colocada em uma maca, onde aguardei a internação. No fim daquele dia me conduziram para o quarto; ali, colocaram em mim dois soros, oxigênio e sonda urinária. Os médicos solicitaram alguns exames rápidos e disseram que meus órgãos estavam parando, e que, a qualquer momento, meu coração pararia também. Conforme previram, no dia seguinte tive uma parada cardiorrespiratória com duração prolongada, o que poderia me deixar com várias sequelas. Ali começava minha luta pela vida.

Após o trabalho de ressuscitação, fui induzida ao coma e fiquei num leito de UTI móvel. Aguardei dois dias por uma vaga em uma UTI de condições seguras. Estava com febre alta, pois no momento em que recebi a massagem cardíaca, acabei por broncoaspirar vômito, e tentavam amenizar o quadro com bolsas de gelo. Logo, fui transferida para a UTI, em estado gravíssimo. O inchaço tomava conta do meu corpo, e meu estado de saúde piorava. De repente, meus rins pararam também. Seria necessário fazer hemodiálise, mas os intensivistas acreditavam que, por estar muito fraca, eu não aguentaria o procedimento. Naquele dia, um médico disse ao meu esposo que só sairia viva dali por um milagre e, se ele acreditasse em Deus, que orasse.

No décimo dia de UTI, após analisar os exames e medicamentos de que eu fazia uso, tive o diagnóstico de anorexia, bulimia e hipocondria. Tentaram algumas vezes tirar a minha sedação, mas eu ficava muito agitada e a pressão arterial não se mantinha. No 19º dia ali, decidiram tirar minha entubação para ver como reagiria; e, mesmo estando em péssimas condições, minha reação foi boa. Permaneci na UTI por 25 dias; quando recebi alta para ir ao quarto, o médico, com os olhos cheios de lágrimas, estendeu a mão para o meu esposo e disse: "Eu acredito em milagres".

Meu peso corporal estava entre 32 e 35 quilos. Eu tinha muitas escaras no corpo e na cabeça, atrofia cerebral, voz muito fraca, confusão mental devido ao uso de muita adrenalina, estava debilitada e com meus quatro membros comprometidos. Não se sabia que sequelas eu teria, como, por exemplo, continuar tendo que fazer hemodiálise.

Foi preciso fazer uma transfusão de sangue e, no dia 3 de dezembro, fui liberada, pois não podia permanecer no hospital devido ao risco de infecção. Fui para casa de ambulância e, quando desci na maca e olhei para a porta, vi a cadeira de rodas me esperando. Me levaram até o quarto e me deitaram. Quando percebi que não fazia nada sozinha e que não me lembrava das coisas e das pessoas mais importantes para mim, meus pensamentos ficaram ainda mais confusos. O medo tomou conta de mim e comecei a chorar e a questionar Deus: "Por que não me levou daqui?".

Antes era ativa, cuidava das minhas coisas e não gostava de incomodar os outros com favores. De repente, precisava que fizessem tudo por mim. Tinha uma enfermeira para me dar banho, fazer curativos, trocar fraldas, escovar os dentes e dar comida na minha boca. Algum familiar ficava comigo durante o dia e outro ficava à noite, pois não me movimentava sozinha.

Minha família não sabia lidar muito bem com aquela situação. Geralmente, quem tem um transtorno alimentar acaba adoecendo todo o seu núcleo familiar, pois todos querem ver a pessoa bem. Logo, oferecem a ela somente os alimentos que ela diz poder comer. Esses são, geralmente, os menos calóricos ou os mais fáceis de jogar fora. Assim, minha família teve que se adaptar ao hospital que havia sido montado em casa, bem como às minhas necessidades. Algo bem marcante foi que, mesmo estando muito doente, meu esposo dizia para mim todos os dias que eu estava linda, que me amava e que, juntos, íamos sair dessa!

Alguns dias depois, quando fui ao neurologista me consultar e refazer alguns exames, ouvi algo assustador: eu não podia andar, pois os nervos das minhas pernas estavam lesionados e, isso ocorreu pela desnutrição severa. Meu cerebelo estava comprometido e sem coordenação motora. Confesso que esse foi um dos piores momentos que vivi, pois tudo indicava que eu estava limitada à cama e à cadeira de rodas.

Ao voltar para casa, pedi que me deitassem, porque estava cansada. Mas, na verdade, queria chorar. A tristeza invadiu minha alma, e eu precisava falar com Deus. Minha oração foi: "Sei que Você me conhece, tem permitido a minha existência. Tudo o que acontece comigo é permissão Sua e tem um propósito. Se for para eu ficar na cadeira de rodas, me ajude a não reclamar e a entender a Sua vontade. Mas o Senhor é Todo-Poderoso e pode me fazer voltar a andar, a ter o peso de uma pessoa normal e curar minha mente. Peço que tire essa tristeza de mim e me dê graças para entender a Sua vontade. Em nome de Jesus, amém!".

Ao terminar a oração, me lembrei do versículo: "E *a paz que excede todo entendimento guardará o coração e a mente de vocês em Cristo Jesus.*" (Filipenses 4:7.) Minha vida, a partir desse dia, começou a mudar. Nos momentos de dor e medo, passei a confiar e entregar meus pensamentos a Ele, desfrutando da paz na minha alma.

Precisava ganhar o dobro do peso que eu tinha e não conseguia ganhar nem 500 gramas ao mês. Era árduo ter que comer a quantidade de comida que me era recomendada. A falta de apetite tomava conta de mim. Conviver com a anorexia é trágico, porque ela suga o nosso melhor, exigindo que cada dia a gente seja menos. Ela tira o brilho do nosso olhar, distorce nossa imagem corporal e destrói também alegria de viver. Não é necessário só voltar a comer, não provocar vômitos e engordar, mas mudar e fortalecer os pensamentos!

Durante as refeições, pedia a Deus para me ajudar a sentir prazer em me alimentar e a cumprir o trato que havia feito com a nutri, de que não deixaria comida no prato. Assim, toda a resistência, o choro ao ver o prato de comida e o pavor de me alimentar estava ficando de lado. A trilha árdua que a anorexia havia apresentado estava sendo trocada por um caminho de satisfação ao conseguir me nutrir. Não foi fácil parar de me medir, pesar e me acostumar com minha nova versão.

Comecei observar que estava ficando com a pele cheia de viço; o cabelo e as unhas, que haviam caído, estavam nascendo fortes. Na fisioterapia, eu começava a dar os primeiros passos, me livrando da cadeira de rodas e andando com a ajuda de um andador. As idas ao psicólogo e ao psiquiatra estavam diminuindo, bem como os medicamentos que eu tomava. Sentia uma enorme vontade de viver e meus pensamentos estavam modificados, se alinhando de uma forma melhor.

Deixei o andador; agora, andava sempre apoiada na parede ou em alguém. Aos poucos, já conseguia fazer algumas coisas sozinha, mesmo andando com muita dificuldade e mancando. Precisava fazer hidroterapia para ajustar o quadril e a coluna, mas isso não era possível, já que a escara do cóccix não fechava e havia o risco de contaminação. Fui encaminhada, então, para um cirurgião plástico e fiz cirurgias de correção dessa escara. Precisei superar o medo de hospital, de cirurgia e do repouso. Foram momentos trabalhosos de recuperação; ficava deitada de bruços e não podia me sentar. Contudo, me sentia bem. Estava me reabilitando mais rápido do que os médicos haviam previsto.

Foram quase dois anos de muitas lutas e dificuldades, dentre cirurgias, tratamentos, procedimentos médicos, fisioterapias e terapias, para retornar à minha vida em plenitude. Hoje, quando acordo, agradeço a inúmeras coisas: respiro sem aparelhos, consigo pensar, me virar sozinha na cama, posso me levantar e andar, tomo banho e escovo os dentes com independência. Também preparo minhas refeições e me alimento, cuido dos meus afazeres, dirijo, pedalo, treino, estudo, não dependo da hemodiálise e escrevo com as mãos, que um dia não tinham coordenação.

Há dias em que a coragem falta, além da disposição e do apetite, mas não falta confiança em Deus, que me impulsiona a tentar fazer melhor no dia seguinte, me oferecendo a perspectiva de melhorar um pouco mais. Venço a anorexia todos os dias, ao vencer a mim mesma. Ultrapassei diversas barreiras para ficar livre da anorexia, da bulimia e das sequelas deixadas por elas, como o preconceito, a diminuição da autoestima, a vergonha e o baixo peso. Hoje, me sinto honrada por ter tido a chance de fazer tudo de forma diferente.

Devemos cuidar da saúde, dos pensamentos, da alimentação, respeitar nossas características individuais e buscar equilíbrio em tudo o que fazemos. Compartilho minhas experiências com intuito de ajudar as pessoas que sofrem com as mazelas provocadas por esses distúrbios alimentares. No início, elas sempre acham que quando quiserem voltar a comer normalmente irão conseguir, mas se trata de um vício que, a cada dia, consome uma parte de suas vidas.

Sou um milagre, não tem como dizer que somente minha força de vontade me fez vencer. Ela se torna vazia sem o toque da mão divina sobre a minha vida. Aprendi a amar minha história e descobri a força que existe dentro de mim. Na adversidade, a paz passou a reinar em meu coração. Aprendi a colocar minha confiança em Deus e as dificuldades me lapidaram. Tornei-me um ser humano melhor, cheio de experiência e coragem.

Sou grata a Deus por minha vida; sou grata ao meu esposo, por estar sempre comigo; à minha filha; aos meus pais; meus familiares; e aos profissionais da saúde que contribuíram para eu me tornar quem sou hoje: vocês têm um lugar no meu coração. Obrigada por não desistirem de mim!

“

Na adversidade, a paz reinou em meu coração. Aprendi a confiar em Deus, e as dificuldades me tornaram cheia de experiência e coragem.

”

Mirian Ferreira Lopes Maciel

Edf Cap

Napoleão Filho

Sou Napoleão Filho, natural de Campina Grande (PB) e resido em Recife (PE) há mais de 20 anos. Sou pai solteiro e filho amado do Deus vivo.

Atuo como mentor, *life coach*, escritor, empresário e investidor. Sou bacharel em Direito e tenho formações e certificados internacionais pelo Instituto Brasileiro de Coaching desde 2019. Trabalho com empreendedorismo e vendas há mais de 12 anos, em diversos segmentos.

A minha vida foi edificada por Deus desde o ventre da minha mãe, pois todos temos um chamado que é construído como um diamante sendo lapidado, para ser vivido no tempo de Deus. Todas as minhas experiências potencializaram minha intimidade com Deus! Hoje, me considero um gladiador do Reino!

napoleaofilhooo

nap.acai

+55 (81) 98708-7881

Napoleão Pereira Freire filho

napoleaopereira42@gmail.com

25 DEUS É A NOSSA FORTALEZA

Por Napoleão Filho

Há 11 anos, Deus me honrou com meu filho, e o seu nome, Matheus, significa "presente de Deus". Naquela época, eu tinha 26 anos, era estudante de Direto – estava próximo de me formar –, morava com a mãe dele e enfrentava os desafios da vida, como todo mundo.

Em 2013, estava diante das muitas adversidades que um pai enfrenta na vida, como o trabalho, ser o homem da casa e ter dedicação e amor à família, e conquistei o bacharelado em Direito. Certo dia, meses depois, estava com meu filho no apartamento em que morava com a mãe dele. Ela tinha ido fazer prova na faculdade e, de repente, vivi um dos momentos mais impactantes na minha vida. Era de manhã, meu filho estava no carrinho de bebê, e eu ao seu lado, quando ele começou a chorar – o que é normal de toda criança. Alguns minutos depois, eu já tinha olhado sua fralda, a posição que ele estava, se estava com fome, mas ele simplesmente não parava de chorar! Um tempo depois, estava com meu filho nos meus braços, vivendo a pior sensação do mundo: ele não chorava mais e parecia estar morto. Não reagia a nada, não me escutava, não fazia movimento algum e seus olhos estavam entreabertos. Entrei em desespero total!

Clamei a Deus, chorava e me faltava ar e saí desesperado, batendo nas portas dos vizinhos pedindo ajuda. Eu não estava com carro e enfrentava um desafio gigantesco: salvar o meu filho! Ninguém me escutava nas portas em que bati, quando entrou uma moradora no elevador. Eu chorava pedindo ajuda, dizendo que achava que meu filho tinha morrido. Com ele nos meus braços, ela me disse para ter calma. Descemos com ela no elevador, e me sugeriram colocá-lo em outras posições, para ver se ele retornava, mas nada acontecia. Pedi desesperadamente para que ela me desse uma carona até o hospital mais próximo.

Então, quando estávamos a cerca de 700 metros do local, havia muito trânsito. Não consegui esperar que os carros andassem, e falei: "Senhora, muito obrigado!". Imediatamente, saí correndo no sol com meu filho nos braços, em meio aos carros, em direção ao Hospital De Ávila, onde ele nasceu.

Chegando lá, não me importei em entrar na fila: fui direto falar com as recepcionistas, pois a cada segundo que passava a vida do meu filho estava em jogo! Eu estava tão nervoso que não conseguia digitar o número de ninguém da minha família. Pedi a uma das recepcionistas para, por favor, ligar para um determinado número. E gritava: "Meu filho está morrendo, chamem um médico, pelo amor de Deus!". Em todo o tempo eu clamava a Deus. Então, uma enfermeira nos levou até um médico. Ele olhou meu filho e disse: "O coração dele está batendo". Foi quando eu consegui respirar um pouco! Em seguida, o médico falou que ali não faziam aquele tipo de atendimento, e completou: "Você tem que levá-lo para a emergência pediátrica mais próxima", que, no caso, era da Unimed. Liguei para meu irmão mais novo, o Pedro, e ele nos buscou para irmos de carro para a Unimed. Chegando lá, os médicos solicitaram que o Matheus fizesse um exame em que uma agulha de quase um dedo mindinho de comprimento seria injetada na sua coluna, para tirar um líquido da sua medula e medir a quantidade de células. Logo, meu filho foi diagnosticado com meningite viral!

Dessa emergência pediátrica, o encaminharam para um hospital disponível, onde ele ficou internado por quase um mês. As condições do local eram precárias.

Os sintomas da meningite no meu filho eram irritabilidade e sonolência constantes. Ou seja, ele não parava de chorar, tinha que ficar nos braços o tempo todo. A mãe dele ficou lá esse tempo todo com ele, além de uma pessoa que trabalhava conosco que nos ajudou nesse período, pois era muito cansativo. O Matheus tinha que tomar remédios intravenosos todos os dias, e as enfermeiras não achavam a veia dele – acredito que por falta de competência. Por isso, ele era furado no corpo todo! Nesse período, minha família e a família da mãe dele nos deram apoio. Eu não parava: levava roupas para lavar todos os dias, além de alimentos. Também falava com os médicos e as enfermeiras, e orava a Deus.

Aproximadamente um mês depois, Matheus recebeu alta! Foi na época do Natal; estávamos todos reunidos e felizes por ele ter voltado a casa. Mas nossa alegria não durou muito. No outro dia, os mesmos sintomas da meningite viral voltaram. Retornamos, então, à emergência pediátrica da Unimed. Falei com todos de lá, e relatei o que tinha acontecido. Disse, ainda, que o nosso plano dava direto aos melhores hospitais de Recife e que eles nos encaminharam para um hospital em péssimas condições, com profissionais mal qualificados, e que meu filho sofreu muito. Tinha sido furado no corpo todo, porque não achavam a veia dele. Além disso, ele tinha recebido alta e estava do mesmo jeito!

Ali eu decretei: "É a vida do meu filho que está em jogo, e ele só sairá daqui para um hospital que tenha as mínimas condições de internamento, suficientes para o seu tratamento!". A emergência pediátrica deu encaminhamento, enfim, entendeu a situação e abriu uma exceção! Matheus agora ficaria internado lá mesmo, e todo o cenário mudou, porque as novas enfermeiras achavam a veia dele de primeira. Era uma estrutura completamente diferente, com profissionais competentes e qualificados. O quarto era limpo, higienizado e tinha as condições mínimas para o tratamento dele.

Lá, foi feito novamente o teste da medula, que é bem invasivo. Mas o exame tinha quer ser feito, e comprovou que ele realmente ainda estava com meningite viral. Um outro tratamento foi realizado, dessa vez menor, e em todos os momentos orávamos muito a Deus pela cura de Matheus!

Quase duas semanas se passaram e ele recebeu alta novamente. Mas agora, pela glória e honra do nosso Senhor Jesus, ele foi completamente curado! Passamos anos fazendo todo o tipo de exames, do coração, da cabeça, para ver se ele tinha ficado com alguma coisa ainda. Mas o nosso Deus, que opera milagres, mostrou que é o Deus do impossível, o Deus que cura, o Todo-Poderoso, Criador dos Céus e da Terra!

Mais à frente, eu e a mãe de Matheus nos separamos, mas eu continuei sendo um pai presente, um pai maravilhoso, que dá a vida pelo filho! Enfrentei todas as adversidades que apareceram no meu caminho, e nenhuma delas nunca me parou, porque sempre guardei a minha fé, e mantive dentro de mim o meu Deus, o nosso grande Pai!

Matheus foi para o Maternal e acompanhei tudo na vida dele de perto, todos os dias; assim, ele foi crescendo e se destacando em tudo! Aos 4 anos, o matriculei em um curso de inglês, e fazia as tarefas com ele. Me dedicava a tudo 100%; paralelamente, eu trabalhava.

Em fevereiro de 2019, fraturei a fíbula do meu pé esquerdo e rompi o ligamento, jogando bola. Fui internado, fiz uma cirurgia e os médicos colocaram uma placa de titânio e 7 pinos no meu pé! Após a cirurgia, tive muita alergia. Eram aproximadamente 7h da manhã, dessa vez estava num hospital de alto padrão, o Santa Joana. Quando cheguei na sala, meus olhos não paravam de lacrimejar e meu nariz escorria e coçava como nunca. As enfermeiras falavam que não podiam fazer nada, e só me deram um descongestionante nasal, que não adiantou de nada! Passei o dia sofrendo, na cama, com o pé para cima, os olhos já grudando. A situação mudou completamente por volta das 17h, quando o turno trocou. imediatamente, a outra equipe de enfermeiras resolveu tudo! Me deram um antialérgico, um banho e trocaram os lençóis – pareciam anjos enviados por Deus! Passei uma semana lá, e o melhor momento foi a visita do meu filho. Naquele momento, ele mostrou o quanto me amava e isso foi tudo que eu precisava!

Recebi alta, fiquei com meu pé muito inchado, parecendo pé de morto. Já estava sem plano, mas Deus foi sempre comigo, e colocou em meu caminho pessoas que me ajudaram. Assim, fui me recuperando com fisioterapia, andando de muletas e, mesmo assim, cuidando do meu filho.

Quando Matheus estava com 6 anos, alguns amiguinhos começaram a fazer uma brincadeira de mau gosto na escola. Como eu sou praticante de quatro artes marciais há mais de 10 anos, resolvi colocá-lo no judô. Com um mês e meio praticando, ele participou de uma competição em que enfrentou dois meninos mais velhos e graduados, um faixa cinza e outro faixa azul! O bebê que estava nos meus braços, desfalecido, dessa vez era o campeão da competição!

Aos 7 anos, Matheus foi morar a 1200 quilômetros de mim, pois sua mãe se casou e teve outro filho. Esse, então, foi outro grande desafio: o filho que sempre criei com amor, e pelo qual enfrentei tudo, dessa vez me fazia enfrentar a distância! Mas, como sempre, Deus me deu refrigério, e me fiz presente mesmo estando longe geograficamente!

Hoje, Matheus é praticante de jiu-jitsu, faixa amarela e joga futebol. Está na 6ª série e é o único aluno da sala que passou nas Olimpíadas de Matemática! A sua sabedoria é fora da curva! Ele é o aluno-destaque do colégio, e está crescendo exponencialmente. Todos que o conhecem ficam sem entender como ele é tão iluminando! E a resposta é Deus! Sempre foi Deus! Sempre o criei na palavra de Deus, pois foi Deus quem o curou, e quem sempre me sustentou em todas as circunstâncias da vida!

Em 2020, fraturei o joelho enquanto corria. Dessa vez, eu não tinha plano de saúde e fui para a UPA. Passei por mais provações e, novamente, tive que andar com a ajuda de muletas e fazer fisioterapia. E Deus, como sempre, me levantando!

Os anos se passaram; hoje, eu e meu filho somos exemplos para o mundo de como Deus é maravilhoso, e que tudo na vida tem um propósito! Esses foram alguns dos inúmeros testemunhos da minha vida, histórias que edificam e me fortalecem cada vez mais!

Nunca desistam das pessoas que vocês amam. Sejam fortes, corajosos e usem o grande poder da antifragilidade para avançar diante de qualquer adversidade! E deixo uma reflexão: o que está faltando para você virar a chave mestra da sua vida?

Todos nós temos um chamado aqui na Terra. Viva o seu!

Napoleão Filho

Nayara Ferreira

Sou Nayara Ferreira, natural de Sanclerlândia (GO), cidade maravilhosa onde vivo com minha família. Sou mãe de Kaíky e Arthur, e casada com Patrick Ronaldo há 16 anos. Filha de pais incríveis e humildes, dos quais sempre me orgulho, e irmã de duas. Me formei em Administração pela Universidade Estadual de Goiás e sou empregada pública na Saneago – Saneamento de Goiás S.A.

Tenho 32 anos e fui diagnosticada com câncer de mama aos 31. É um prazer imenso compartilhar parte da minha história com vocês. Ela é apenas um instrumento para apresentar o que Deus fez em minha vida. A notícia do meu câncer foi avassaladora, mas minha vontade de viver foi maior do que qualquer desafio.

Que minha história sirva de inspiração para tantas outras mulheres que estão nessa caminhada.

nayara_ferreira10
+55 (64) 98115-3582
nfsa123@live.com

26 ENCARANDO O CÂNCER DE MAMA

Por Nayara Ferreira

Tudo teve início em novembro de 2022, quando, durante o banho, pude perceber um "carocinho" palpável e assintomático na minha mama direita. Nesse momento, apesar de não sentir nenhum desconforto, tive uma sensação estranha de que algo estava errado. Como do "nada" aquilo apareceu ali? Porém, nunca imaginei que poderia ser um tumor maligno. O autoexame foi extremamente fundamental para que tudo fosse descoberto precocemente, me possibilitando mais chances de cura. Nosso corpo emite sinais, nos avisando que algo requer a nossa atenção. Por isso, um olhar atento pode salvar a nossa vida. A prevenção sempre será a melhor opção. Não é sobre mim, é sobre nós, mulheres!

Diante desse diagnóstico, eu começava um "mergulho" em um mundo totalmente desconhecido por mim até então. Tudo o que é novo, ainda mais relacionado à saúde, causa medo, angústia e uma certa "confusão" em nossa mente. Em menos de um mês, realizei a quadrantectomia (retirada do nódulo, de 2 centímetros). Após nova biópsia, veio a confirmação de que tinha um carcinoma mamário invasor, um intra fibroadenoma, grau III. Nesse momento, o mastologista me encaminhou para o oncologista – médico especializado no tratamento do câncer. Uma loucura que só, em tão pouco tempo. Na primeira consulta, fui informada de que se tratava de um dos subtipos de câncer mais agressivos, o triplo negativo. Também tive conhecimento do meu protocolo de tratamento. Seriam 16 sessões de quimioterapia, sendo 12 "brancas" (semanais) e 4 "vermelhas" (quinzenais).

Era o momento de dar uma atenção especial à minha saúde pelos próximos meses. Fui, aos poucos, aprendendo durante o processo. Precisei olhar com mais carinho para mim mesma. Senti a liberdade de compartilhar com todos o que acontecia, e isso me fez continuar sendo eu. Não quis me "esconder", até porque ninguém escolhe ter um câncer. Fui me blindando de toda negatividade, de comentários maldosos, filtrando informações e buscando absorver aquilo que me fazia bem. Mas é preciso ressaltar que cada paciente reage de uma forma, e que está tudo bem caso alguém não queira se expor. Não tem certo, nem errado. O que mais importa nesse momento é o bem-estar de quem está passando por um processo delicado como esse. Cuidar bem do lado emocional contribui consideravelmente para a nossa recuperação.

Chegou o dia da minha primeira quimioterapia, que aconteceu em 23 de janeiro. E então, veio o friozinho na barriga. Pedi muito a Deus que acalmasse o meu coração e me desse sabedoria para enfrentar essa etapa tão desafiadora. Passar por essa trajetória não nos isenta de errar, de reclamar... Seria hipocrisia dizer isso; afinal, somos seres humanos. No entanto, a vida ganha um novo sentido. As prioridades mudam, e viver com intensidade torna-se mais interessante do que perder tempo com coisas superficiais.

A partir da terceira sessão, os meus cabelos começaram a cair. E foi como se a ficha, literalmente, começasse a cair também. Foi sofrido, sim; doeu muito ver os fios caindo pelo chão da casa, durante o banho, no travesseiro... Na maioria das vezes, o diagnóstico de câncer pode nos desestruturar, pois é uma notícia realmente impactante, que acaba gerando um certo pânico. Mas não devemos encarar esse diagnóstico como uma sentença de morte, pois isso não necessariamente acontecerá por conta dessa doença. A cada dia, mais pessoas estão sendo curadas.

Diante das circunstâncias de um tratamento puxado e desgastante, precisamos buscar o que nos faz sentir bem, pois existe vida durante o processo. Talvez mais limitada, devido às exigências que nos são cobradas; mas, ainda assim, existe vida! Cada paciente tem seu jeitinho, e cada história é única. Clichê? Pode até ser! Mas é real, cada um dá o seu melhor, dentro da sua própria realidade. Menos comparação, e mais inspiração!

Sempre tive muito cabelo, e fui levando essa situação de ver meu cabelo caindo até a sexta sessão de quimioterapia. Ele caía muito mesmo e, aos poucos, as falhas foram aparecendo. Foi quando resolvi dar um basta: raspei! E, por incrível que pareça, foi libertador, um alívio! Não pelo fato de me ver careca, mas, principalmente, por não testemunhar mais os fios caírem daquela forma. É muito angustiante. Imagine só vivermos com nossos cabelos e tê-los arrancados assim, de forma tão "bruta"; no meu caso, no auge dos meus 30 e poucos anos?

Como foi esse momento? De certa forma, posso dizer que foi sensacional. Aconteceu em uma data superimportante, que jamais esquecerei: em 8 de março, Dia Internacional da Mulher. Pude perceber que ser mulher vai muito além do que os olhos veem. Podemos ser vulneráveis, mas também fortes. Chorei, senti, mas decidi não me prender aos padrões e buscar coragem de ser eu mesma, fazendo por mim o que mais ninguém poderia fazer: **viver**! Longe de querer romantizar a situação, muito menos me vitimizar.

Levei peruca, touca, lenço... tudo para me preparar para esse momento. Sempre deixei claro que usaria esses acessórios se eu quisesse, como e onde eu quisesse! Não deixei que me obrigassem a nada. Me preparei porque não sabia qual seria a minha reação diante daquela minha nova versão. E não é que quis sair do salão completamente "carecona", sem nenhum adereço? Mas, nesse momento, precisamos entender que cada mulher reage da sua maneira e no seu tempo, e respeitar isso é fundamental. Apoie a sua decisão, seja ela qual for. Se respeite! Realmente, não é um processo fácil.

Confesso que, ao sair careca nos primeiros dias, senti como se faltasse algo (e faltava mesmo!). Era como se eu estivesse "pelada". Então, tentei abusar dos lenços – que, por sinal, acho lindos. Montava *looks* combinando, mas essa fase durou pouco. Achei meio incômodo, sou mais prática; então, fui me desapegando. Assumir a careca de vez foi acontecendo naturalmente. No fim das contas, por mais que eu vivesse um momento delicado, eu estava bem comigo mesma, eu conseguia me "aceitar". Sempre pensei: vai passar! Olhares piedosos sempre existiram. Mas comecei a aprender a ligar o "foda-se", e foi dando certo, ao ponto de não me importar mesmo com o que os outros estariam pensando.

Fiz, também, 15 sessões de radioterapia. Olhei para trás com muito orgulho de ter perseverado e de ter dado o meu melhor em todos os momentos, sempre buscando transformar a dor em força! Contar com uma rede de apoio faz muita diferença e torna o processo menos doloroso. Várias pessoas estiveram ao meu lado, me dando todo o suporte, e não largaram minha mão em nenhum momento. Sem elas, teria sido bem mais complicado.

Ao findar o protocolo de tratamento – cirurgia, quimioterapia e radioterapia –, chegou o momento de fazer um outro exame megaimportante, chamado PET Scan. Ele é capaz de detectar tumores em todos os lugares do corpo. Não tinha como não sentir um frio na barriga mais uma vez, uma certa ansiedade e angústia pelo resultado. E ele veio. Sabe em qual data? No dia 21 de agosto, o meu aniversário. Lá estava eu no consultório, frente a frente com o médico, esperando a notícia. Você consegue entender o tamanho da minha felicidade e gratidão? É imensurável. O resultado do exame foi completamente limpo! A minha saúde foi restaurada, porque Deus me deu a cura. E foi exatamente assim que me senti: curada, graças a Ele! Finalizei o processo; dali em diante, faria o acompanhamento periodicamente, para o controle da remissão.

Cuidar da imunidade, nessa trajetória, é indispensável para um melhor desempenho durante o tratamento. É necessário sempre respeitar as orientações médicas e tomar bastante cuidado com o excesso de informações que vemos por aí. Durante essa jornada, busquei me adaptar e intercalar atividades da minha nova rotina. Mesmo tendo as minhas energias voltadas mais para o tratamento, consegui sair algumas vezes, me diverti, me permiti, curti momentos em família, dancei, vivi. Isso me fazia seguir mais leve. Para mim, equilíbrio foi tudo.

Sabemos que cada caso é um caso. No meu, consegui conciliar o trabalho com o tratamento – o que foi extremamente importante. Infelizmente, não são todos os pacientes oncológicos que conseguem ou podem fazer o mesmo. Respeitar os limites do nosso corpo e da nossa mente é primordial para um desempenho mais eficaz do tratamento. Para mim, isso só foi possível porque organizamos uma forma de trabalhar que não prejudicasse nem a mim e nem ao bom funcionamento da empresa. Tive a total compreensão dos meus colegas de trabalho, os quais me apoiaram e tornaram possível a minha continuação.

Àqueles que estão passando por esse processo, sintam-se abraçados e acalmem seu coração. Deus sabe de todas as coisas. Se você deseja apoiar alguém que esteja passando por isso, ofereça ajuda! Não critique, respeite o tempo de cada um, não faça comparações, dê apoio!

Não sei o que Deus tem planejado para mim, mas o que quer que seja, que Ele me conduza da melhor forma. Sei que preciso melhorar muito como ser humano, estar em evolução. Tudo é aprendizado. Aqui, eternizo esse momento na forma de um lindo testemunho do que Deus fez em minha vida, inspirando pessoas a acreditarem que é possível. Lembrando que cada história é única e tem suas particularidades. A minha é só uma dentre tantas, com enredos e desfechos diferentes, mas com a mesma finalidade: a busca pela cura.

Em meio a tantos aprendizados, destaco que ninguém é melhor do que ninguém, e o amanhã é incerto para todos. Então, apreciemos cada momento, agradecendo a oportunidade de mais um dia. Agradeço a Deus por me permitir viver intensamente e me manter firme para prosseguir. Gratidão pelo Seu amor incondicional, mesmo eu sendo tão falha. Meus sinceros agradecimentos a todos os envolvidos: esposo, filhos, mãe, pai, irmãs, família em geral, equipe hospitalar, amigos. Deixo aqui registrado o meu muito obrigada! Vocês são a minha base.

A vida precisa continuar. Existe vida após o câncer. É hora de rever suas prioridades, se readaptar e partir para um novo **recomeço**.

“

Seja grato pelo dia de hoje, ame enquanto há tempo, viva o agora mais do que nunca: este é o momento mais importante da nossa vida.

”

Nayara Ferreira

Osmilto Fernandes

Sou Osmilto Fernandes, natural de Mirante (BA). Hoje resido em São Paulo (SP), com minha amada esposa Alessandra Fernandes – com quem sou casado há 21 anos –, e nosso único filho: Guilherme Fernandes, de 17 anos. Sou pastor, escritor e presidente na AD Ministério Evoluir. Enfrentei e superei desafios monumentais, encontrando força no Senhor.

Precisamos mudar a nossa mentalidade e buscar o autoconhecimento. A partir daí, podemos ajudar as pessoas a evoluírem em todas as áreas de suas vidas.

Minha história é a prova de que transformar dificuldades em crescimento é possível. Através da fé e da obediência a Deus pude mudar não só a minha vida, como também a de muitas outras pessoas.

osmiltofernandes

+55 (11) 96656-8332

osmiltofernandes@gmail.com

27 QUEM CONFIA OBEDECE

Por Osmilto Fernandes

Nascido em 14 agosto de 1983 na cidade de Mirante, no interior da Bahia, eu, Osmilto Fernandes, vim de uma família humilde. Somos nove irmãos – seis homens e três mulheres – criados em meio a desafios e dificuldades. Meu pai era agricultor e minha mãe era uma excelente dona de casa. Juntos, eles lutaram para nos criar da melhor maneira possível.

No entanto, quando eu tinha apenas 10 anos de idade, nossa família passou por um momento extremamente difícil: a separação de meus pais. Esse acontecimento foi como um terremoto que abalou nossas estruturas emocionais. Lembro-me da tristeza estampada no rosto de minha mãe, que precisou enfrentar a árdua tarefa de criar seus filhos sozinha. Meus irmãos mais velhos sempre trabalharam para ajudar nossa mãe; foi um tempo muito difícil.

Com o passar dos anos, senti que precisava buscar novas oportunidades e seguir em busca de meus sonhos. Foi assim que, no ano de 2000, decidi migrar para a grande cidade de São Paulo, onde vivo desde então. Aqui, os desafios eram maiores, mas também maiores eram as oportunidades.

Foi em São Paulo que conheci minha amada esposa Alessandra Fernandes, a mulher da minha vida. Nós nos apaixonamos e decidimos construir nossa família juntos. Já são incríveis 21 anos de casamento. Temos o nosso único filho, Guilherme Fernandes, de 17 anos.

Em São Paulo, trabalhei em diversas áreas, mas como eu gostava muito de música, ingressei nesse universo. Trabalhei como músico e produtor musical em estúdio de gravação, e fiz várias gravações, tanto para a banda de que eu fazia parte quanto para outros grupos musicais. Então, decidi me aprofundar um pouco mais, fazendo alguns cursos e aulas de programação de teclado. Sendo muito apaixonado por esse instrumento, além de estudar eu fazia programação para teclado, como: ritmos, playbacks e VS para tocar ao vivo.

Aos poucos, percebi que eu ia sendo reconhecido nesse meio, e decidi montar meu próprio estúdio, pois eu sabia que tinha capacidade para trabalhar e ser bem-sucedido nessa área. Eu era muito procurado para fazer trabalhos devido à excelência que, com muito esforço e estudo, havia adquirido.

Tem uma frase que diz: "O segredo não é correr atrás das borboletas, basta cuidar do seu jardim e elas virão até você". Quer dizer: seja pleno em tudo o que você faz. Plante boas sementes, porque certamente colherá muitos frutos.

Minha conversão e a de minha família

Enquanto me dedicava a construir meu estúdio, Deus começou a trabalhar de maneira misteriosa. A agitação da minha vida na música passou a afetar meu casamento. Logo, aquilo que era para ser uma benção começou a se desfazer. A separação se tornou uma realidade dolorosa, e foi durante esse período que algo maravilhoso aconteceu.

Minha esposa encontrou refúgio na igreja; e, enquanto eu continuava imerso na minha busca pela música, ela se converteu ao Senhor Jesus. Meses se passaram, e então veio o convite que mudaria o curso da minha vida: ela me chamou para acompanhá-la à igreja e eu aceitei aquele convite, abrindo as portas para um novo capítulo na minha história. Foi em 2013 que tudo mudou: tive um encontro pessoal com Jesus Cristo. Experimentei uma transformação tão radical que abandonei todos os meus planos para viver os planos de Deus.

Como está escrito: "*O que para mim era lucro, passei a considerar como perda, por causa de Cristo. Mais do que isso, considero tudo como perda, comparado com a suprema grandeza do conhecimento de Cristo Jesus, meu Senhor, por quem perdi todas as coisas. Eu as considero como esterco para poder ganhar Cristo*" (Filipenses 3:7,8). Esses versículos refletem profunda devoção e fé de Paulo, demonstrando que ele estava disposto a renunciar a qualquer coisa que pudesse se interpor entre ele e sua busca por uma conexão mais profunda com Cristo. Isso não significa que as conquistas e bens materiais sejam intrinsecamente ruins, mas que, em comparação à relação com Cristo, elas perdem sua importância. Em resumo, esses versículos destacam a ideia de que o conhecimento e a relação com Cristo são de valor inestimável, e que todo o resto, mesmo que pareça valioso, não se compara a essa grandeza espiritual. Trata-se de um lembrete da centralidade da fé e do relacionamento com Deus na vida de um crente.

Esse encontro verdadeiro com Cristo me encheu de amor e gratidão. Meu coração transbordou de fé; e eu sabia que minha vida nunca mais seria a mesma. Como está escrito em 2 Coríntios 5:17: "*Se alguém está em Cristo, é nova criação; as coisas antigas já passaram, eis que tudo se fez novo*".

Depois de conhecer Cristo e me tornar uma nova criatura, amigos do mundo da música com quem eu tinha trabalhado e compartilhado momentos inesquecíveis expressaram preocupação. Eles me ligavam, tentando me convencer de que minha nova vida de fé não deveria comprometer meu amor pela música: "Osmilto," eles diziam, "ser evangélico não significa que você precisa abandonar sua paixão e seu talento na música." As palavras dos meus amigos, embora parecessem sábias, começaram a parecer oposições à decisão de fé que eu havia tomado. Mas, na quietude dos meus momentos de reflexão, eu sabia que estava diante de uma encruzilhada. Decidi buscar a sabedoria divina e permitir que Deus sintonizasse meu coração com Seu plano para mim.

Em minhas orações busquei orientação. Com o tempo, ficou claro para mim que meu caminho deveria seguir uma nova direção. Não era uma rejeição da música em si, mas uma resposta à chamada que Cristo havia colocado em meu coração. Tomar a decisão de viver para Deus, mesmo que isso significasse deixar para trás algo que eu amava profundamente, foi um ato de fé e confiança.

A história de Eliseu, um profeta do Antigo Testamento, em 1 Reis 19:19-21, é um testemunho marcante de renúncia por fé. Ele tomou uma decisão radical, ao queimar os carros e matar os bois que eram parte integral de sua vida e de seu sustento. Essa ação demonstrou um compromisso profundo e inabalável em seguir o chamado de Deus, mesmo que isso significasse deixar para trás conforto e segurança.

Da mesma forma, minha decisão de viver para Deus, sacrificando algo que eu amava intensamente, foi uma expressão de fé e confiança. Ao observar o exemplo de Eliseu, vi a coragem e a dedicação que ele demonstrou ao se separar das suas posses terrenas, em obediência ao propósito divino. Nesse momento, decidi vender todos os meus instrumentos, como forma de dizer: "*Prossigo para o alvo, pelo prêmio da soberana vocação de Deus em Cristo Jesus.*" (Filipenses 3:14).

O chamado para liderar

Enquanto eu servia ao Senhor na igreja onde congregava, fui ungido ao cargo de diácono. Algum tempo depois, recebi a honra de ser ungido ao cargo de presbítero. Essa etapa representou um novo nível de responsabilidade, na qual pude participar das decisões e orientações espirituais da igreja. No entanto, o chamado de Deus não parou por aí. Fui separado para o cargo de pastor, uma tarefa que eu sabia que demandaria ainda mais de mim.

Aceitei essa responsabilidade com humildade e determinação, reconhecendo a necessidade de me entregar completamente à obra do Senhor. Servir como pastor significava mais do que palavras pregadas: implicava entregar minha própria vida em serviço aos meus irmãos e minhas irmãs em Cristo. Esse chamado exige disponibilidade constante; muitas vezes, tenho que sacrificar feriados, finais de semana e até madrugadas para estar presente quando os necessitados clamam por ajuda.

Eu sabia que o ministério não era apenas um trabalho, mas um estilo de vida, uma jornada de sacrifício e amor pelos outros, assim como Jesus exemplificou. Hoje, continuo a servir como pastor, pastoreando almas que estão em busca de orientação espiritual, apoio e consolo. Cada desafio que enfrento é uma oportunidade para me aproximar ainda mais de Deus e de Seus propósitos para a minha vida e para a comunidade que lidero. Tenho enfrentado grandes lutas, mas a certeza do chamado e a bênção de ver vidas transformadas fazem tudo valer a pena.

Vou continuar a escrever sobre fé e vida, e deixarei um legado de amor e esperança em um mundo que precisa disso. Minha jornada é uma busca eterna, um chamado para aprofundar a relação com Deus e impactar vidas de maneira positiva.

As bênçãos da obediência

Seja qual for a área em que quiser atuar, você precisará acreditar, além de ser extremamente obediente!

1. A obediência a Deus nos livra da escravidão do pecado e nos permite viver uma vida de paz e alegria no Espírito Santo.
2. A obediência a Deus nos faz crescer em sabedoria, fé, amor e santidade.
3. A obediência a Deus nos protege dos ataques do inimigo e das armadilhas do mundo. Quando obedecemos a Deus, Ele nos guarda e nos livra do mal.
4. A obediência a Deus nos traz bênçãos materiais e espirituais, como saúde, prosperidade, paz, alegria, perdão, graça e glória. Deus prometeu abençoar aqueles que o obedecem em todas as áreas da vida.
5. A obediência a Deus nos leva à vida eterna na presença do Pai Celestial. Quando obedecemos a Deus, recebemos a salvação em Cristo Jesus, que foi obediente até sua morte na cruz.

A obediência é o passo que transforma a fé em ação e nos guia em direção aos propósitos divinos.

Se você está lendo a minha história, foi porque eu decidi obedecer. Deus faz suas escolhas, e cabe a nós obedecê-lo. Que você possa ter, assim como eu, um encontro verdadeiro com Cristo, o qual mudará sua vida para sempre.

Antes um menino humilde do interior Bahia, hoje uma testemunha viva do poder transformador do amor de Deus. A separação dos meus pais lá no passado e as lutas que enfrentei não pararam os planos de Deus na minha vida. Que essa jornada de fé e esperança inspire e encoraje todos os que a ela se achegarem.

Amém!

“A obediência é o altar onde o sacrifício da verdadeira transformação é oferecido.

Osmilto Fernandes”

Sheyla Silva

Meu nome é Sheyla Silva, nasci em Guarulhos (SP) e sou filha de pais que vieram do sertão do Maranhão e da Bahia. Minha avó sempre dizia à minha mãe: "Por onde a Sheyla passa, ela leva a alegria dela"; assim sou, alegre amorosa e livre. Hoje, moro em Nova York, nos EUA. Costumo dizer que, para chegar até aqui, comi o que o diabo amassou para conhecer Deus. A música que me representa é "Se eu quiser falar com Deus".

Há mais de 20 anos, venho curando a humanidade por meio da Nova Comunicação Humana, no Brasil e no mundo; e com o projeto social "As estrelas". Ajudo as pessoas a se curarem por meio do poder das palavras, libertando o amor incondicional através do autodesenvolvimento e da expansão de consciência.

Já fui cega, e hoje enxergo a beleza de Deus em cada coisa que aconteceu na minha vida.

sheylasilva.she

+1 929 8671515

sheylas.she@gmail.com

28 FOI A CEGUEIRA QUE ME FEZ FALAR

Por Sheyla Silva

Ela era só uma menina de 15 anos. Os hormônios à flor da pele. Eles explodiam e pululavam como fogos de artifício de uma noite de réveillon em Copacabana. Coloridos. Ruidosos. Vivos. Pensava que a vida era assim, viva e alegre. O alvorecer da idade adulta trouxe o que ela achava que era amor, mas não era. As cores ficavam cada vez menos intensas. A cada primavera, as flores se tornavam mais opacas e mortas. O verão era cinza. O inverno, melancólico. Frio. Triste. Conforme os dias passavam, ela ia ficando aprisionada em si mesma. O mundo estava cada vez mais distante, perigoso. Os gritos de dor eram abafados pela visão cada dia mais turva. O céu avermelhado dos finais de tarde ficava ainda mais longínquo, virando memória. Agora, eram meros borrões sem a beleza de uma alma. Por seis anos, ela viu o mundo morrer aos poucos diante de seus olhos. A cegueira chegou no seu mundo, até que a córnea de outra pessoa a trouxe de volta à luz. E ela voltaria a enxergar através dos olhos de quem se foi.

O mundo voltou a ter cor, o céu voltou a ter alma, as flores voltaram a ter vida. Foi como a explosão desgovernada das cores de um quadro expressionista. Ainda havia dor, mas ela não vinha da angústia, não era da falta do mundo. A dor era do amor. Porém, não era um amor de abandono, mas um amor doentio, que sufocava. Invadia. Controlava. Violentava. Um amor que não amava, que era posse, ego. E, ao olhar para dentro, conseguiu enxergar. Viu que sua dor nunca fora a cegueira. Seu referencial de amor é que era cego. Durante anos, não encontrou a alegria em nenhum abraço. "Não nasci para o amor", pensava. Nunca fora acolhida no abraço de ninguém, sempre fora vítima. Definhando, ela viajou para dentro de si mesma; ali, encarou sua dor mais profunda. Sentiu-se traída, humilhada, desprotegida.

Aquele que ela mais amava se tornara seu maior algoz. Viu-se no corpo de uma criança de 5 anos, violentada. Na inocência da pouca idade, sua única forma de defesa era fechar os olhos e falar. Ela falou e falou: "Eu não quero ver", para não enxergar a dor do abuso pelas mãos de quem deveria protegê-la. No colo onde adormeceu muitas vezes. Agora, fechava os olhos para não ver a verdade. Sofreu em segredo, de forma inconsciente, até a idade adulta. Até entender que a cegueira não era genética ou hereditária, era uma proteção. Quando teve coragem de abrir os olhos, de ver e de falar: "Eu quero ver" é que foi capaz de ver a beleza de si mesma. E, assim, pôde se libertar da turbidez daquele doente amor. Da cegueira daquela prisão. Dos grilhões do abuso recorrente.

Foi só então que ela pôde ver o mundo como ele realmente é: lindo, intenso, desgovernado. Apenas depois de ficar completamente cega conseguiu ver a verdade da beleza do mundo em si mesma. Da beleza das cores de um céu ao entardecer. Da beleza do seu mundo interior. E do seu verdadeiro e primeiro amor. Palavras criam tudo: imagens, emoção, memória, você. Eu descobri algo surpreendente: que as palavras criaram na minha vida e na vida das pessoas. Talvez, o que vou lhe apresentar por meio das palavras possa te surpreender, ou não. Você só saberá se seguir até o final.

Você já ouviu a frase: "No princípio era o verbo, e o verbo se fez carne"? O que isso representa em nosso dia a dia? Neste capítulo, você saberá o verdadeiro poder que uma palavra tem na sua vida. Mas, antes de entrarmos nessa questão, lhe pergunto: você já pensou a respeito de onde vêm os pensamentos, sentimentos e as atitudes? Por que agimos como agimos e por que pensamos o que pensamos? Por que as pessoas têm falências financeiras, emocionais e sociais? Por que existem tantas dores humanas, doenças, a depressão, a ansiedade, o medo, a timidez etc.? Todos esses problemas têm uma origem; agora, vamos falar das respostas a essas perguntas, as quais sondaram minha vida e, talvez, a sua também.

Toda informação contida no seu DNA foi criada a partir de palavras. Trata-se de palavras que sua mente absorveu desde a sua concepção, na sua gestação, no seu nascimento e durante toda a sua infância, até hoje.

Tudo começou no seu nascimento

Aqui, começa sua história. Este capítulo não é sobre minha história, que pode ser edificante para você, ou não. Este capítulo é sobre a sua trajetória, e posso afirmar que encontrarei algo edificante nela que nem você sabe. Será que você realmente conhece sua história?

O nascimento é o momento mais importante de nossas vidas. É ao nascermos que acontece o colapso de todas as informações codificadas (crenças), programas e padrões mentais que uma pessoa viverá durante toda a sua vida, de forma inconsciente. Isso ocorre até o momento em que você toma consciência de toda a sua verdade, de sua história e recodifica o que precisa para ter alegria, amor e prosperidade na vida.

Tudo o que uma criança escuta e vive desde o útero da sua mãe, no nascimento e na primeira infância será armazenado em seu inconsciente. Trata-se de uma marca em seu DNA que carrega toda a informação que vem dos seus ancestrais, como um HD interno. Esse HD será rodado na sua fase adulta, o que já é comprovado cientificamente. Por exemplo, Bruce Lipton, em *A biologia da crença*, provou como tal fato ocorre de duas maneiras no ser humano:

1. **Pelas palavras:** elas têm um grande poder na vida de uma pessoa. Quando se é criança, são as palavras faladas pelos pais que programam a mente dos filhos, e que se tornará o seu esquema mental na fase adulta. Palavras faladas repetidamente, como, por exemplo: "Seu idiota", ou "Sua burra, você não faz nada direito", "Cale a boca, criança não fala quando um adulto está falando" etc., são repletas de emoção. Desse modo, cria-se o trauma silencioso, aquele que a criança engole e faz com que se cale diante do que ouvia dos seus pais.

2. **Com alto impacto emocional:** trata-se do que chamamos de trauma. São sofrimentos que marcam o inconsciente. No momento do acontecimento, criam-se padrões de sobrevivência. A criança percebe que está em perigo e sua mente cria mecanismos para se proteger. Ao se tornar adulta, ela tem medo de se relacionar, de executar e de viver a vida. Por exemplo: abusos sexuais, físicos, verbais e emocionais, agressões, palmadas, desproteção, falta de segurança, não ter um ambiente adequado para o seu crescimento, falta de comida, dinheiro etc.

Tudo isso gera um modo de vida no ser humano: o de sobrevivência. Talvez você esteja se perguntando: "Mas, e agora? Não existe saída? Terei que viver assim para sempre?". A resposta é que sim, há como recodificar toda a informação do seu DNA, das suas células, das suas emoções e da sua mente. Vou lhe mostrar o caminho para que você consiga fazer essa recodificação e transformar tudo em sua vida. Assim como eu consegui na minha, você conseguirá na sua. Mas, antes de falar o que você precisará fazer, vou falar da minha história, essa que você leu no início deste capítulo. Tudo aquilo é real. Quando eu tinha 15 anos, descobri que ia ficar cega, e a única alternativa para mim era o transplante de córnea.

Durante a adolescência, fui perdendo a visão, e vendo a vida se apagar aos poucos na minha frente. Tudo o que vivia era escuro, apagado. Até que, depois de seis anos, consegui fazer um transplante de córnea. Voltei a enxergar por fora, mas do lado de dentro ainda estava escuro. Minha vida não andava, tive falências em todas as áreas da vida, estava em uma profunda depressão. Eu só reclamava de tudo, não tinha dinheiro nem para comer. Estava falida, achava que estava condenada a viver sem amor e a ser triste para o resto da vida. A minha chave virou quando me formei em neurociência, epigenética, programação neurolinguística, constelação familiar, nova medicina germânica, hipnoterapia e registros akáshicos. Foi aí que descobri algo que mudaria todo o meu cenário, falido e triste.

Soube que, aos 5 anos de idade, fui abusada sexualmente. Na hora que esse impacto ocorreu, a única coisa que eu consegui falar foi: "Eu não quero ver". E repetidamente isso aconteceu na minha infância. Na adolescência, ao entrar em contato com o sexo, o gatilho da **palavra** disparou na minha mente: "Eu não quero ver". Desenvolvi uma cegueira que precisou de dois transplantes de córnea para ser curada. As palavras criaram a minha vida daquela maneira. Também foi por meio das palavras que modifiquei todo o meu DNA, minhas células, emoções e mente, para ter a vida que nunca imaginei que pudesse ter, muito melhor do que aquela que eu sonhava. Eu recodificava falando, falando e falando tudo aquilo que tinha ficado entalado desde a minha infância ... então, descobri que falar cura e liberta o amor.

Hoje, além de transformar a vida de milhares de alunos em vários países, tenho a liberdade geográfica e financeira de ser livre para viver uma vida com princípios dentro da verdade e do amor verdadeiro. Sou CEO do projeto social "As Estrelas", voltado para crianças e adultos que viveram abusos e agressões, com atendimentos terapêuticos gratuitos para aqueles que não têm condições financeiras. Todos os estudos que desenvolvi, que me transformaram e transformam a vida de milhares de pessoas, foram codificados em um método: a Nova

Comunicação Humana, que se apresenta por meio de treinamentos, mentorias e de uma comunidade para os alunos. Nela, geramos consciência e transformação do verdadeiro poder que as palavras têm de codificar nossas vidas e de mudar tudo o que precisamos.

Meu propósito é ajudá-lo com as palavras: sua história te edifica, fazendo de você um novo ser humano. Vou lhe passar alguns exercícios que vão curá-lo e libertar os bloqueios da sua vida. Para isso, pegue um caderno e escreva qual é o desafio ou problema que você enfrenta, hoje. Depois, pergunte a si mesmo o que você viveu que te marcou, quando era criança. Escreva o que você lembra, o que ouvia repetidamente, o que aconteceu. Depois disso, vá ao meu Instagram e me conte o que você descobriu. Eu vou te ajudar!

A sua história edifica milhares de pessoas, porque ela é o exemplo de alguém que conseguiu vencer as barreiras da sua mente. Eu acredito na sua transformação!

“

Falar cura e liberta o amor.

Sheyla Silva

”

Sônia Oliveira

Sou Sônia Oliveira, nascida no interior do Pará e há 11 anos residente no Japão. Com 16 anos de casada, formei uma família abençoada, com dois filhos e um neto.

Minha vida se desenrola em múltiplas facetas, mas uma missão se destaca: propagar o amor e os testemunhos que Deus marca na minha história. Sou missionária, palestrante, empresária, escritora e idealizadora do projeto "Laços de Amor". Esse projeto já beneficiou mais de 400 famílias por meio da distribuição de cestas básicas em cidades do interior do Pará; tenho grupos de suporte a mulheres no WhatsApp.

Meu propósito é profundamente enraizado no cuidado das almas e no ensino da palavra de Deus. Acredito que cada pessoa trilha uma jornada única, e essa é a minha. Seguir esse propósito me proporciona uma realização profunda, e a certeza de que estou cumprindo o plano de Deus na minha vida.

soniaoliveiraoficial_

+81 80 8321 1555

soniaoliveira

patric.sonia@hotmail.com

Sonia Oliveira

29 A MENINA IMPROVÁVEL

Por Sônia Oliveira

Hoje, dou início a uma jornada em direção à concretização de um sonho colocado por Deus em meu coração. Eu acredito que o que passei esteve relacionado a esse propósito de Deus na minha vida, o qual, aos olhos humanos, seria impossível realizar. Mas, o que para o homem é impossível, é possível para Deus.

Convido você a mergulhar nas páginas deste capítulo comigo, em que compartilharei histórias de lutas e desafios que moldaram a minha vida. Sou uma mulher que caminhou pelos desertos mais áridos da vida e, aqui, desejo contar um pouco da minha história de superação e fé. Ao longo da minha jornada, fui confrontada com adversidades que me fizeram questionar se eu teria forças para continuar. Enfrentei tempestades que pareciam não ter fim, vi meus sonhos desmoronarem diante dos meus olhos e senti o peso sufocante da solidão em meio às multidões. Mas, apesar de todos os desafios, descobri que o deserto pode se tornar um lugar de encontros profundos com Deus.

Onde Deus se revela a nós

Neste prefácio, quero segurar sua mão e conduzi-lo a uma jornada cheia de experiência profundas com Deus. Quero impactar a sua vida, compartilhando com você momentos difíceis que enfrentei, mas que, com a ajuda de Deus, venci e estou aqui.

Vivi situações em que minha esperança se perdeu em meio às minhas emoções. Houve dias que acreditei que seria o meu fim. Eu pedia para Deus tirar a minha vida – eu mesma tentei me matar muitas vezes. Mas, um dia, Deus me confrontou com uma verdade que me libertou. Ele disse: "Até quando, filha, você viverá assim? Você tem coragem para morrer, mas não tem coragem de viver". Nesse momento, senti algo mudar dentro de mim, e descobri forças que jamais imaginei que possuísse.

Aqui, não vou lhe contar apenas a minha história, mas um testemunho da minha vida. E espero poder te ajudar a não desistir, que você lute e creia em Deus. Você pode enfrentar quaisquer desafios quando busca coragem e forças em Deus para continuar. Eu orei ao senhor para que cada palavra toque você, e que, pela graça de Deus, você encontre inspiração para enfrentar seus próprios desertos. Que, por meio da minha história, você encontre esperança e coragem para superar os obstáculos que surgirem em seus caminhos.

Costumo dizer que sou a menina improvável, do lugar improvável, das circunstâncias improváveis, vivendo o sobrenatural de Deus. Sou um exemplo vivo de que, com Ele ao nosso lado, nos tornamos capazes de viver o impossível. O desejo do meu coração é inspirá-lo a encontrar as forças que residem dentro de você; portanto, acredite em Deus e em si mesmo. Ele te dará capacidade para enfrentar os obstáculos que estiverem em sua jornada.

Eu quero te lembrar que você não está sozinho nesta vida. Você não está nesta terra à mercê da sorte: você é alvo de uma promessa de Deus. Não sei qual é o desafio que hoje você está enfrentando, mas, acredite: isso tudo vai passar e você saíra dessa situação mais forte e preparado para viver o propósito de Deus na sua vida. Saiba que, mesmo diante das dificuldades, há um plano divino que nos conduz. Eu sou testemunha viva disso: aqui estou, provando que a superação e a vitória daqueles que creem no Deus altíssimo são possíveis. Se eu venci, você também pode vencer, independentemente das dificuldades que possam surgir.

Cada desafio que encarei revelou uma dose extra de aprendizado, me moldando para ser alguém melhor, capaz de oferecer um testemunho poderoso a fim de impactar vidas. Aprendi que a dor pode ser uma ferramenta de fortalecimento, e que é possível crescer e amadurecer mesmo nos momentos mais difíceis. Um dia minha história foi de vergonha, mas hoje ela se tornou em testemunho de cura, que tem transformado vidas. Reconheço que tudo o que Deus fez em minha trajetória merece ser compartilhado com o mundo, para que o Senhor seja exatado, pois Ele me tirou do lamaçal e me colocou na rocha. E aqui, neste pequeno capítulo, você conhecerá mais sobre "a menina improvável".

Aos 13 anos, fui agraciada por um momento de profundo encontro com o divino, em meio a um período de desafios na jornada da vida. Tendo buscado abrigo longe do meu lar, encontrei acolhimento em um vilarejo, cujos habitantes compartilhavam uma fé sobrenatural. Fui honrada com o convite para fazer parte de um culto, do qual, apesar das circunstâncias geradas pelo medo, decidi participar. Ali, fui tocada por cada uma das palavras proferidas pelo pastor, que claramente foi um instrumento de Deus na minha vida. Cada palavra que saía da boca daquele homem penetrou meu coração de maneira profundamente íntima; era como se ele conhecesse minha história de vida. Ele dizia: "Filha, você não fugiu. Fui eu quem te liberou, pois você pedia isso para mim". Eu havia fugido de casa, e percebi que tais palavras eram destinadas a mim. Meu coração estava cheio de medo, mas esse medo foi substituído por uma presença transformadora divina, que me envolveu de maneira completa, e que me fez levantar em prantos. Naquele dia, entreguei minha vida para Jesus.

Nesse precioso momento, uma visão celeste surgiu diante de meus olhos: eu sendo arrebatada pelo poder de Deus, enquanto minha família permanecia. Então, eu disse: "Senhor, por que minha família não pôde vir?". E uma voz vinda dos céus respondeu: "Filha, para a sua família me conhecer, você teria que morrer". E eu disse: "Eis-me aqui, Senhor".

Naquele instante, eu não entendi o que Deus estava dizendo. Mal sabia dos desertos por onde ainda caminharia, e das batalhas que lutaria ao escolher servir a Deus. A incerteza pairava sobre mim. Mas o tempo foi passando e a minha vida foi mudando totalmente, seguindo um rumo que eu nunca imaginei seguir. Enfrentei momentos de tribulação, dúvidas e erros. Em meio a adversidades, fui mãe aos 14 anos, lutando contra a fome e os desafios financeiros no interior do Pará. Em busca de uma vida melhor para mim e para a minha filha, deixei-a sob os cuidados de minha mãe, que me apoiou. Fui, então, trabalhar como doméstica na casa de parentes. Ali, minha vida desmoronou. Fui abusada sexualmente; e, quando contei o que haviam feito comigo, ninguém acreditou. Naquele dia, minha vida foi destruída. A mágoa, a raiva, a dor do abandono e da rejeição tomaram conta de mim. Fui expulsa. Sem ter para onde ir, fiquei vagando pelas ruas. Assim, acabei conhecendo uma pessoa que me levou para uma vida de erros.

Foi nesse período que me afastei dos caminhos do Senhor, permitindo que vícios e baladas tomassem conta da minha vida. Me perdi, mudei o rumo da minha jornada. Saí da luz e fui para a escuridão, e me entreguei a uma vida marcada por escolhas erradas. Eu buscava prazer em festas, na bebida e na prostituição. Me perdi de mim mesma. Sorrisos falsos escondiam a dor que habitava meu interior. As festas eram um refúgio, mas a solidão tomava conta de mim.

Minha mente se tornou um campo de batalhas, onde a depressão se instalou e espíritos malignos atormentavam meus pensamentos. Eu estava possuída por forças sombrias, presa em um ciclo de sofrimento e autodestruição. Foram tempos de luta intensa, com crises devastadoras que me levaram à beira da morte diversas vezes. Fiquei amarrada dentro de casa, possuída por espíritos do mau que queriam tirar minha vida. Eu perdi a minha memória, não sabia quem eu era. Diagnósticos de distúrbios mentais pairavam sobre mim; minha mente estava aprisionada por influências malignas. Meses se passaram, e parecia que seria o meu fim.

Contudo, o amor e o plano de Deus eram maiores do que todas essas provações. Em um momento crucial, um jovem enviado por Deus cruzou meu caminho. Sua presença e as palavras que proferiu foram como um raio de luz que penetrou as sombras que me envolviam. Ele jogou um CD em minha direção; e, naquelas canções, encontrei uma conexão com o divino que me permitiu lembrar quem eu realmente era: uma filha amada de Deus.

Esse encontro mudou o curso da minha vida. Pela primeira vez em meses, minha voz se fez ouvir, e minha família viu um sinal de esperança. Foi o início da trajetória de libertação que Deus tinha preparado para mim. Naquele momento, fui levada a uma igreja, onde minha família também encontrou a fé. Aos poucos, fui curada da depressão e da opressão malignas que haviam dominado minha vida. E a revelação que havia recebido outrora naquele vilarejo, aos 13 anos de idade, se cumpria: eu precisava morrer para o mundo a fim de renascer em Deus. E, assim, minha família se rendeu ao Senhor. O propósito divino revelou-se nas dificuldades que enfrentei.

Hoje, estou trilhando o caminho de uma missionária, transformando meu sofrimento em propósito. Deus usou minha história para ajudar outros que também lutam, mostrando a eles que não estão sozinhos em suas dores. Eu sou a prova viva de que, quando nos rendemos à vontade de Deus, Ele nos transforma e nos capacita a superar as adversidades mais sombrias.

Minha jornada, a de uma menina improvável que se tornou um instrumento da graça divina, é uma manifestação do milagre de Deus. É um lembrete de que não importa quão profundo seja o abismo em que nos encontramos, sempre existe uma luz capaz de nos guiar de volta à vida. Se eu pude encontrar redenção e propósito, você também pode. Acredite: mesmo nos momentos mais difíceis, Deus está trabalhando a seu favor, tecendo um plano maior que ultrapassa qualquer improbabilidade.

Querido leitor, que as palavras que você acabou de ler sejam um eco de esperança em seu coração. No turbilhão das adversidades, saiba que você não está sozinho. Assim como as trevas da minha jornada cederam ao brilho da fé, tenha a certeza de que a luz também encontrará seu caminho até você. Mesmo quando a escuridão parecer insuperável, lembre-se que Deus está ao seu lado, transformando cada desafio em uma oportunidade de crescimento e superação.

Você é mais forte do que imagina, e a sua história ainda reserva capítulos de triunfo. Mantenha a chama da fé acesa, pois a jornada da vida é repleta de reviravoltas surpreendentes. Não desista, pois Deus está escrevendo um final grandioso para a sua história. Você é um milagre em progresso, e a vitória está ao seu alcance. Confie em Deus, acredite em si mesmo e siga em frente, pois o melhor está por vir. Sua jornada tem um propósito divino, e você é capaz de superar todas as barreiras que surgirem em seu caminho.

“A menina improvável, do lugar improvável, das circunstâncias improváveis, vivendo o sobrenatural de Deus.”

Sônia Oliveira

Vivi Brunelli

Sou Vivi Brunelli, natural de São Paulo, onde moro com minha filha Victoria, de 25 anos, e minha fiel companheira de quatro patas, Milka. Elas são verdadeiros presentes que aquecem minha alma.

Minha paixão pela leitura e pelo aprendizado é uma parte fundamental de quem sou. Encontro equilíbrio e paz mental por meio da prática da meditação e do contato com a natureza.

Sou graduada em Psicologia Positiva, especialista em Felicidade e idealizadora do Bem Me Quero, um programa de mentoria e *coaching* para mulheres com foco em carreira, autoconhecimento e bem-estar.

Minha paixão é estar com pessoas, por isso eu amo o meu trabalho. Ajudá-las a trilhar um caminho de transformação pessoal e profissional é o que me motiva, toca meu coração e me inspira.

brunelliviviane

+55 (11) 97154-8215

linkedin.com/in/vivianebrunelli

v123brunelli@gmail.com

30 NADA É PARA SEMPRE

Por Vivi Brunelli

A sensação de ter encontrado um parceiro com quem compartilhar interesses, *hobbies* e momentos significativos da vida gera grande felicidade. Após um namoro de cinco anos repleto de experiências e desafios, decidimos morar juntos e oficializar nossa união estável. Apesar de ser meu terceiro casamento, aos 48 anos, esse relacionamento trouxe uma sensação profunda de pertencimento e conexão, sendo chamado de "amor de alma".

Desde o começo, compartilhamos intensamente vários momentos, de eventos a fins de semana e férias. Éramos inseparáveis, unindo não só nós dois, mas também nossos filhos. No nosso primeiro ano de casados, recebíamos amigos em casa, dávamos festas, almoços e jantares. Entretanto, a gente sabe que quando a rotina acontece, a empolgação inicial do relacionamento pode, eventualmente, diminuir, tornando mais difícil manter a chama da conexão. E foi o que aconteceu.

Gradativamente, me percebi diminuindo nessa relação, e não me sentia valorizada. A falta de comunicação se tornou frequente e havia um silêncio opressor que me consumia, me deixando sem resposta e atenção. Distrações com mídias sociais e desinteresse pelos meus interesses se acentuaram. À medida que os problemas começaram a surgir, eu tentei, à minha maneira, controlar as circunstâncias para evitar quebrar aquela imagem do casal perfeito. Eu evitava discussões a todo custo. Presa num ciclo de ansiedade, tinha medo do julgamento dos outros e vergonha de admitir que o meu relacionamento tinha problemas e que não estava nada bem. Na verdade, eu escondia essa realidade de mim mesma, e acreditava que se eu não "tocasse na ferida" isso iria passar. Me lembro bem daquela sexta-feira, nosso tradicional dia de sair para jantar, quando percebi que ele ainda não havia chegado. A ligação revelou que estava com amigos, algo estranho para uma noite assim. A conversa se desenrolou para a constatação de que nossa relação não estava bem. E era verdade. Então, num ato falho, ele me chamou pelo nome de outra pessoa, o que me deixou em choque, confusa, incrédula. Passamos o final de semana em silêncio e não tocamos no assunto. Surpreendentemente, a semana seguinte trouxe uma reaproximação em que voltamos, carinhosamente, à nossa atenção ao relacionamento. Decidimos nossa viagem de final de ano em família, animados. Eu não tinha a menor ideia do que estava por vir.

Durante um almoço de domingo em que brindávamos a vida, ele revelou que estava apaixonado por outra pessoa. E não parou por aí. No mesmo dia, enviou mensagens a familiares anunciando a separação, passando a dormir em outro quarto. A mim, enviou um e-mail dizendo que eu ficasse tranquila, que não tomasse nenhuma atitude precipitada, como me mudar, por exemplo. Me mudar para onde, se aquela era a nossa casa, que reformamos juntos, para a qual escolhemos cada detalhe e que foi a realização de um sonho compartilhado? O mundo estava desmoronando.

Lidar com todo esse turbilhão de acontecimentos foi um processo difícil e muito doloroso. Eu não me preparei nem emocional e nem financeiramente para isso, e precisava desesperadamente de ajuda. A minha dor se estendia além do fim do relacionamento, abalando a minha confiança e autoestima. A pergunta "O que deu errado?" ecoava, alimentando a sensação de rejeição e abandono.

Minhas amigas, minha família e profissionais especializados em saúde mental foram o apoio e o suporte de que eu precisava, fazendo uma diferença significativa no meu processo de cura e crescimento pessoal. Estar cercada de pessoas próximas me proporcionava uma sensação de pertencimento, de estar num espaço seguro. Eu não lembro quantas vezes eu "gritei" essa minha história; precisava encontrar a minha voz. Colocar minhas emoções em palavras foi uma maneira decisiva de processar e liberar meus sentimentos negativos, aliviando o peso emocional que eu carregava.

Contar minha história exigiu muita reflexão sobre as emoções e os eventos envolvidos. Isso foi fundamental para o meu autoconhecimento, permitindo que eu identificasse padrões, crenças e comportamentos que contribuíram para o fim do meu casamento. Nesse processo, eu troquei o pensamento "Por que comigo?" para "Por que não comigo?". Sair do papel de vítima e escolher ser a narradora da minha própria vida foi um passo muito importante em direção à construção de uma mulher que quer viver e ser a melhor versão de si mesma.

Busquei conhecimento em livros e palestras que abordavam temas como superação, ressignificação e maneiras de lidar com a dor. Adotei a prática da gratidão. Uma das leituras que mais me impactou foi *O poder do agora*, de Eckhart Tolle. Trata-se de um manual prático que nos ensina a tomar consciência dos nossos pensamentos e emoções, os quais nos impedem de vivenciar de forma plena a felicidade e a paz que estão dentro de nós. Numa das práticas, o autor nos convida a olhar com atenção para uma árvore, uma flor, uma planta e permitir que elas nos ensinem a quietude. Esse pequeno exercício diário me trouxe luz aos milagres que a natureza nos oferece todos os dias, e eu aprendi que a vida acontece no aqui e agora. O momento presente é o grande presente que a vida nos dá todos os dias, e todo dia é uma chance de recomeçar.

Investi em atividades de autocuidado, como caminhadas ao ar livre e meditação, a fim de encontrar significado e conforto em um contexto espiritual. Participei também de workshops e cursos sobre *mindfulness* e inteligência emocional, que apresentaram ferramentas para o meu bem-estar emocional e espiritual. Além disso, me envolvi em atividades voluntárias e descobri que ajudar o próximo é uma experiência única, em que todos os envolvidos são beneficiados. Fazer a diferença na vida das pessoas me deu um senso de propósito e realização.

A reconexão comigo mesma foi um dos aspectos mais transformadores da minha jornada, após o rompimento traumático do meu casamento. Quando a relação chegou ao fim, me vi em um espaço vazio, numa lacuna onde antes eu compartilhava minha vida com outra pessoa. No entanto, essa lacuna também revelou a oportunidade de reencontrar quem eu era realmente, e ver que nada é para sempre. A vida é o que é.

À medida que comecei a me reconectar comigo mesma, percebi o quanto tinha me distanciado da minha própria essência. Comecei a me permitir experimentar coisas novas. Me inscrevi numa pós-graduação em Psicologia Positiva, Ciência do Bem-estar e Autorrealização e me tornei especialista em Felicidade. Esse curso e tantos outros que vieram depois me proporcionaram experiências e atividades que foram verdadeiros portais para a minha própria identidade. Conforme eu me entreguei a elas, descobri camadas profundas em mim mesma que haviam sido silenciadas por tanto tempo. Em cada atividade, lembrava que eu era mais que o papel que eu "vesti" no meu casamento.

Ao redescobrir minhas paixões e meus interesses, não apenas me curei, mas também me empoderei. Através dessa reconexão, aprendi a valorizar a minha própria companhia e a cultivar um relacionamento saudável comigo mesma. Entendi que, apesar dos desafios, sou capaz de me reinventar, crescer e florescer de maneiras que nunca imaginei. Cada passo que dei em direção a mim mesma foi um ato de coragem e um lembrete constante de que a minha verdadeira essência sempre esteve aqui comigo, pronta para ser celebrada.

Uma das formas mais marcantes em que minha autoconfiança foi revitalizada se deu por meio da exploração de novas habilidades. Lembro-me de quando decidi me matricular em um curso de liderança, algo que nunca tinha considerado antes. A princípio, senti um misto de empolgação e nervosismo, mas a decisão de dar esse passo me proporcionou uma sensação incrível de empoderamento. Conforme aprendia e aplicava os novos conhecimentos, minha autoconfiança crescia exponencialmente.

Além disso, a maneira como passei a encarar os desafios cotidianos também mudou. O medo do fracasso gradualmente deu lugar à crença de que, não importava o resultado, eu seria capaz de lidar com as consequências e encontrar soluções. Isso me permitiu ser vulnerável e tomar decisões com mais ousadia e determinação, sabendo que minha autoconfiança não dependia de resultados perfeitos, mas da minha capacidade de enfrentar o que viesse. Através desse processo, descobri que a verdadeira autoconfiança não é algo que se adquire uma vez e que permanece para sempre, mas, sim, uma qualidade que é nutrida e fortalecida continuamente, por meio das experiências que escolhemos abraçar.

Hoje eu danço com a vida e experimento cada momento com presença. Me sinto livre, leve e em plena conexão com a vida. Se você está enfrentando um rompimento traumático ou qualquer outro desafio que parece estar abalando suas estruturas, quero que saiba que há um poder imenso dentro de você para se reerguer e trilhar um caminho de renovação. Minha história é um lembrete de que é possível superar momentos difíceis e emergir ainda mais forte.

Não importa a escuridão que você esteja enfrentando agora, há luz no fim do túnel. Encorajo você a se permitir sentir suas emoções, buscar apoio de amigos, familiares ou profissionais de saúde mental e, acima de tudo, começar uma jornada de autoconhecimento e amor-próprio. Se você já deu os primeiros passos nesse sentido, continue avançando, mesmo quando o caminho parecer desafiador. Lembre-se que cada desafio que você supera e cada conquista que alcança contribui para a construção da sua própria história de superação. Você tem o direito e a capacidade de se afirmar, de redefinir seu valor e de criar uma vida que reflita sua verdadeira essência.

Portanto, eu te convido a abraçar seu potencial, acreditar na sua força interior e se permitir trilhar novos caminhos. Seja a inspiração que você busca! O poder de transformação está em suas mãos. Você está pronta para começar? Então, solte-se, relaxe, reflita e responda:

1. O que me inspira e me motiva? Estou dedicando tempo às atividades que me trazem alegria e satisfação?
2. Como estão meus relacionamentos mais importantes? Estou cultivando conexões saudáveis e significativas?
3. Como estou investindo no meu próprio crescimento pessoal e aprendizado contínuo?

"Hoje, eu danço com a vida e experimento cada momento com presença. Me sinto livre, leve e em plena conexão com a vida."

Vivi Brunelli